中共湖南省委党校（湖南行政学院）资助出版

物理世界中的
心理因果性

陶焘 著

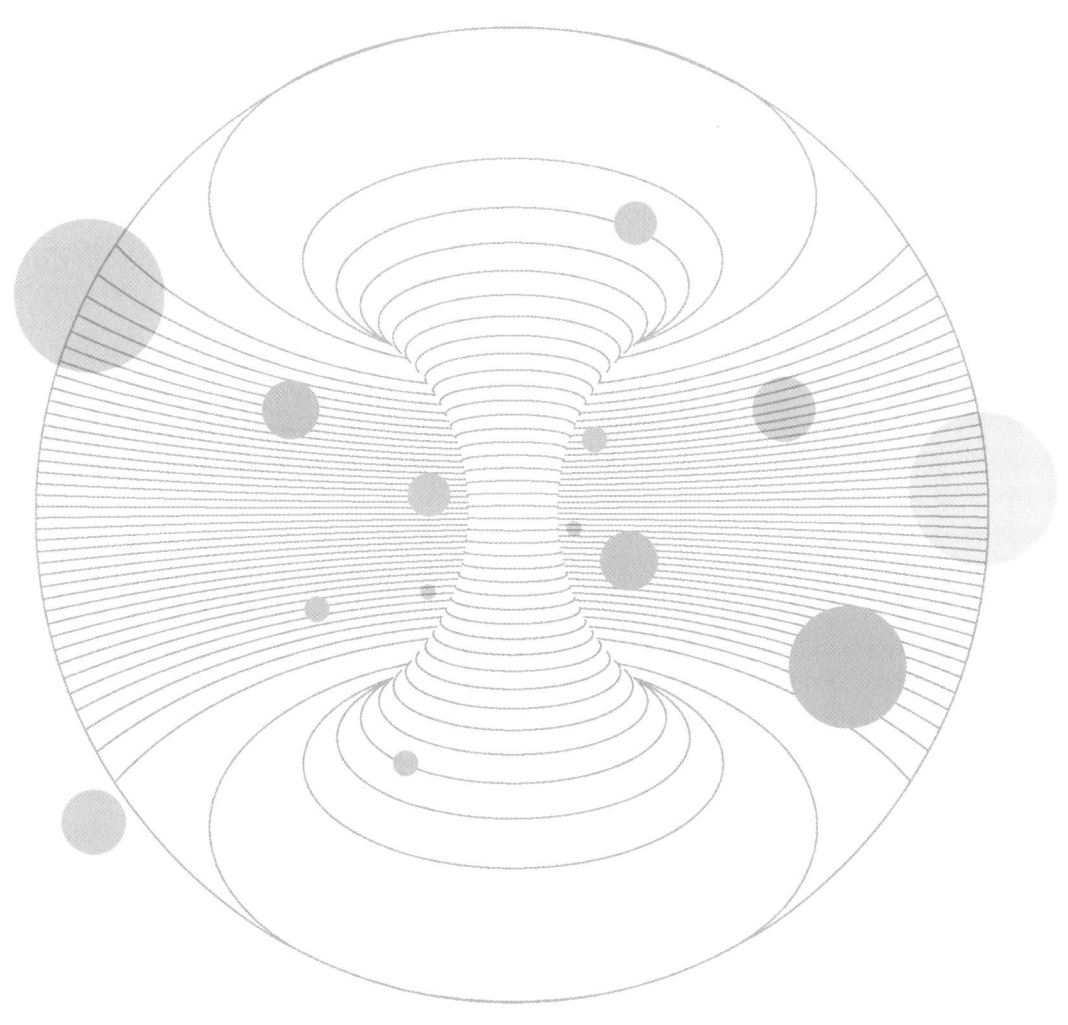

中国社会科学出版社

图书在版编目（CIP）数据

物理世界中的心理因果性／陶焘著．—北京：中国社会科学出版社，2022.9

ISBN 978-7-5227-0704-4

Ⅰ.①物…　Ⅱ.①陶…　Ⅲ.①物理主义　Ⅳ.①B085

中国版本图书馆 CIP 数据核字（2022）第 144830 号

出 版 人	赵剑英
责任编辑	朱华彬
责任校对	谢　静
责任印制	张雪娇

出　　版	中国社会科学出版社
社　　址	北京鼓楼西大街甲 158 号
邮　　编	100720
网　　址	http://www.csspw.cn
发 行 部	010-84083685
门 市 部	010-84029450
经　　销	新华书店及其他书店
印　　刷	北京君升印刷有限公司
装　　订	廊坊市广阳区广增装订厂
版　　次	2022 年 9 月第 1 版
印　　次	2022 年 9 月第 1 次印刷
开　　本	710×1000　1/16
印　　张	12.5
插　　页	2
字　　数	152 千字
定　　价	78.00 元

凡购买中国社会科学出版社图书，如有质量问题请与本社营销中心联系调换
电话：010-84083683

版权所有　侵权必究

目　录

前　言 …………………………………………………… (1)

第一章　笛卡尔的"报复" …………………………… (9)
　一　存在心理因果作用 ………………………………… (10)
　二　心理性质不等同于物理性质 ……………………… (15)
　三　物理世界是因果闭合的 …………………………… (19)
　四　不存在过度决定 …………………………………… (25)
　五　因果排斥问题 ……………………………………… (29)

第二章　金在权的心理因果理论 ……………………… (36)
　一　随附因果理论 ……………………………………… (38)
　二　功能还原主义理论 ………………………………… (42)
　三　金在权对因果排斥问题的回应的失败 …………… (52)

第三章　物理因果闭合性与能量守恒定律 …………（56）
　　一　能量守恒定律与"闭合性" …………………………（57）
　　二　关于物理因果闭合性的能量守恒论证 ………………（59）
　　三　存在非物理能量吗？ …………………………………（66）
　　四　能量守恒定律并不支持物理因果闭合性 …………（70）

第四章　物理因果闭合性与还原主义 …………………（72）
　　一　帕皮纽关于物理因果闭合性的经验论证 …………（73）
　　二　还原主义 ………………………………………………（76）
　　三　纽拉特对还原主义的反驳 …………………………（81）
　　四　非还原主义的兴起 …………………………………（91）
　　五　还原主义并不支持物理因果闭合性 ………………（101）

第五章　什么是物理主义？ ……………………………（103）
　　一　什么是"物理的"？ …………………………………（105）
　　二　物理主义的三大特性 ………………………………（118）
　　三　作为方法论原则的物理主义 ………………………（119）

第六章　重新审视因果排斥问题 ………………………（123）
　　一　因果关系的对照性 …………………………………（125）
　　二　干预主义因果理论 …………………………………（130）
　　三　干预主义因果理论视域中的心理因果作用 ………（137）

四　干预主义因果理论视域中的因果排斥问题……… (143)

附录一　"性质二元论"可靠吗？…………………… (148)

附录二　"殊型物理主义"辨析 ………………………(163)

结　语………………………………………………… (179)

参考文献……………………………………………… (181)

前　　言

　　心理因果性特别是心灵对物理世界的因果作用，是我们日常生活的重要组成部分。比如，你想看书，于是你从书柜上拿下了一本书；你想去现场看一场篮球赛，所以你骑车去了比赛场馆；你不喜欢某个电视节目，结果你拿起遥控器换了一个频道。在这几个例子中，我们会认为，心理事件是行为（一系列复杂的身体动作）的原因，行为继而对外部世界造成了影响。根据我们的生活常识，心理因果性的例子是如此司空见惯，以至于一般人根本不会去怀疑其真实性，关心其可能性。

　　在休谟之后，因果关系的确定一般被认为需要依赖于经验，我们往往通过经验科学来寻求与认识某一事件的原因。例如，经验科学告诉我们：潮汐的涨落和月球的引力有关；含碳燃料的燃烧对气候有着影响；吸烟会增大患肺癌的概率。对于这些因果关系，我们一般不会觉得其中有任何哲学上的困惑，然而，为何心理因果问题会成为一个哲学难题呢？

一些历史学家[①]认为心理因果问题是一个相对"年轻"的问题，始于笛卡尔的二元论。根据笛卡尔的理论，心灵与身体是完全不一样的实体，由本质上不同的两种质料构成，身体有广延但不能感知与思考，而心灵则相反，不具有广延，但能够感知与思考。虽然主张心灵与身体彼此迥异，但是笛卡尔接受我们的常识——心灵与身体能够发生因果作用。但是，如果心灵与身体如此不同，那么二者之间如何能够产生因果关系呢？笛卡尔自己当然也意识到了这一问题，但自始至终都没能给出一个令人满意的答案。1643年，在写给笛卡尔的一封信中，波希米亚王国的伊丽莎白公主指出：

> 作为一种仅仅具有意识的实体，人类的灵魂如何能够决定身体的运动而做出一些行动呢？身体的运动的产生总是需要其被推动，而身体的运动的形式则取决于其受到的推动的形式，并依赖于其推动者的表面形状。前两种情况需要有接触，第三种情况则需要推动者有着广延，然而你完全地排除了灵魂的广延性，对于我来说，一个事物能够发生接触与该事物是非物

[①] 关于心理因果问题的历史，参见：WallaceMatson, "Why Isn't the Mind-Body Problem Ancient?", in Paul Feyerabend and Grover Maxwell, eds., *Mind, Matter, and Method: Essays in Philosophy and Science in Honor of Herbert Feigl* (pp. 92 – 102), Minneapolis: University of Minnesota Press, 1966。PeterKing, "Why Isn't the Mind-Body Problem Medieval?", in Henrik Lagerlund ed., *Forming the Mind: Essays on the Internal Senses and the Mind/Body Problem from Avicenna to the Medical Enlightenment* (pp. 187 – 205), Dordrecht: Springer, 2007。

质的是不兼容的。①

伊丽莎白公主的质疑表露出了她关于因果关系的机械论的观点——认为因果关系必须通过接触才能发生，所以在她看来，既然灵魂不具有广延，那么就不能与身体发生接触，因而不能对身体产生因果作用。

然而，伊丽莎白公主的质疑是"过时的"，因为当代物理学告诉我们因果作用并不一定需要直接接触，例如引力作用。虽然伊丽莎白公主的质疑现在看来"过时"了，但是依然可以将之纳入一种更具普遍性的关于心理因果作用的质疑，这种质疑的背后是这么一种因果观——因果关系需要原因与结果之间有联结，只有通过某种联结，作为原因的事物才能对作为结果的事物产生作用。伊丽莎白公主心目中的原因与结果之间的联结是二者在空间上的直接接触，这也是她质疑笛卡尔的依据，然而，即使因果关系不需要空间接触，因果关系需要某种联结的因果观仍然对笛卡尔式的二元论下的心理因果构成了威胁。比如，有学者②提出，使得原因与结果发生联结的是某种物理量（一般认为是能量），原因导致结果就是作为原因的事物将一定的物理量传递至作为结果的事物。可是，如果心灵与身体由完全不同的两种质料构成，心

---

① G. E. M Anscombe and Peter Thomas Geach, eds., *Descartes: Philosophical Writings*, Indianapolis: Bobbs-Merrill Company, 1954, pp. 274–275.

② 参见：David Fair, "Causation and the Flow of Energy", *Erkenntnis*, Vol. 14, No. 3, 1979, pp. 219–250. Phil Dowe, *Physical Causation*, Cambridge: Cambridge University Press, 2000。

灵又如何能够将某种物理量传递给身体呢？

当然，笛卡尔式的二元论者可以不接受"联结式"的因果观，况且该因果观也遭遇了不少批判，批判主要来自有着休谟传统的哲学家——这些哲学家的批判依据主要是当今的物理学中少有"联结式"的因果概念的位置[①]。但是，即使采取休谟式的因果观，将因果关系视为两类事件之间的恒常会合，笛卡尔式的二元论者仍然会遭遇心理因果难题，因为根据戴维森（Donald Davidson）提出的心灵的"异常性"，我们很难甚至不可能找到心理事件和物理事件之间的规律。

及至 20 世纪中叶，笛卡尔式的二元论逐渐失去了大多数哲学家的青睐，虽然也有一些非笛卡尔式的实体二元论者[②]，但是哲学界的主流观点是：如果心灵是一种实体，那么它本质上也是物理实体（大脑）。该观点被称为关于心灵的物理主义（Physicalism）。虽然大脑与身体之间的因果作用极其复杂，而且我们也尚未完全弄清楚二者间的作用机制，但是二者的相互作用却不会带来笛卡尔式的二元论者要面对的问题。所以，如果持物理主义立场，那么笛卡尔所遭遇的心理因果难题将会消失。在物理主义的本体论框架下，感觉、信念、情感、欲望等

---

① 关于物理学中的因果概念，参见：Bertrand Russell, "On the Notion of Cause", *Proceedings of the Aristotelian Society*, Vol. 13, New Series, 1912–1913, pp. 1–26。

② 关于非笛卡尔式的实体二元论，参见：Hasker William, *The Emergent Self*, Ithaca: Cornell University Press, 1999。E. Jonathan Lowe, "Non-Cartesian Substance Dualism and the Problem of Mental Causation", *Erkenntnis*, Vol. 65, No. 1, July 2006, pp. 5–23。

心理现象就成了物理实体（大脑）具有的性质（心理性质），而不再是非物理质料（心灵）的性质。

在20世纪五六十年代，还原物理主义（Reductive Physicalism）——认为心理性质就是物理性质——是大多数哲学家接受的观点，在该理论下，心理因果就成了物理性质之间的因果作用，心理因果难题也因此被消解了。到了20世纪70年代，主要由于普特南（Hilary Putnam）与福多（Jerry Fodor）提出了心理性质的多重可实现性（Multiple Realizability）——心理性质可通过不同的物理性质来实现[①]，非还原物理主义（Non-Reductive Physicalism）——认为心理性质不等同于物理性质——开始逐渐取代还原物理主义，成为心灵哲学界关于心灵的所谓正统观点。根据非还原物理主义，虽然心理性质不等同于物理性质，但是心理性质的存在依赖于物理性质，这种依赖性一般被表述为"心理性质随附于（Supervene On）相应的物理性质"。

如果心理性质不等同于物理性质，那么，其如何能够对物理世界产生因果作用呢？当任何一个心理性质出现的时候，它将由某一个物理性质实现，而如果该物理性质对于产生特定行为结果是充足的，又还有什么"因果工作"留给心理性质呢？这样一来，心理性质的因果作用似乎就被物理性质"排斥"掉

[①] 例如，人感到痛也许是因为大脑里的神经元C被激活了；章鱼感到痛可能是因为神经元O（肯定不会是神经元C）被激活了；如果机器人也能够感到痛的话，有可能是因为它的构成部分之一"硅芯片"发生了某种变化，等等。所以，"痛"这一性质可以通过不同的物理性质来实现，其不能等同于某一个物理性质。

了。非还原物理主义遭遇的这一心理因果难题最早由马尔科姆（Norman Malcolm）[1]提出，此后由金在权（Jaegwon Kim）[2]进一步提炼与发展，并成为到目前为止非还原物理主义面临的最主要的难题之一——该难题表明，非还原物理主义将会导致关于心理性质的副现象论（Epiphenomenalism）[3]。然而，关于心理性质的副现象论显然有悖于我们普遍接受的生活常识——心理因果性是存在的。在金在权看来，如果关于心理性质的副现象论是不可接受的，那么我们只能接受关于心灵的还原物理主义。不过，金在权的还原物理主义有所不同，他将之称为"功能还原主义"[4]。本书的第二章将详细介绍金在权的功能还原主义，并通过论证表明，金在权的功能还原主义并不能成功地"挽救"心理性质的因果作用。

金在权对非还原物理主义的质疑倚赖于一个原则——物理因果闭合性原则（Physical Causal Closure Principle）。简单来讲，该原则是说，物理领域内发生的事件在因果关联上有着闭合性。换

---

[1] Norman Malcolm, "The Conceivability of Mechanism", *Philosophical Review*, Vol. 77, No. 1, Jan 1968, pp. 45–72.

[2] 参见：Jaegwon Kim, *Supervenience and Mind: Selected Philosophical Essays*, Cambridge: Cambridge University Press, 1993。Jaegwon Kim, *Mind in a Physical World: An Essay on the Mind-Body Problem and Mental Causation*, Cambridge, MA: MIT Press, 1998。Jaegwon Kim, *Physicalism, or Something Near Enough*, Princeton: Princeton University Press, 2005。

[3] 副现象论认为，心理活动只是神经生理过程的一种消极的副产品或附带现象，它对神经生理过程、人的身体行为，以及随后出现的心理活动等都没有任何作用。

[4] 简单来讲，"功能还原主义"先对心理性质进行功能定义，然后再找出实现此功能的物理性质。

句话说，该原则是指，任何一个物理事件（比如玻璃破碎或房屋着火），如果其是有原因的，那么一定有着充足的物理原因。如果物理因果闭合性原则为真，那么心理性质对物理世界的因果作用显然遭到了威胁，因为任何一个有原因的物理事件的发生已经有了充足的物理原因，心理性质将失去"用武之地"。

物理因果闭合性原则显然不是一个先天为真的原则，因为一个物理事件有着充足的非物理原因或有着部分的非物理原因在逻辑上完全是可能的。物理因果闭合性原则之所以被物理主义者广泛接受，在于其被认为受到了经验证据的强烈辩护，而经验辩护的主要来源有两个：一个是能量守恒定律，另一个则是解释还原主义的成功。在一些物理主义者看来，这两大经验证据完全足以表明物理因果闭合性原则的可靠性。如果物理因果闭合性原则为真，那么，非还原物理主义者确实会遭遇心理因果难题，而该难题一般被称为"因果排斥问题"（The Causal Exclusion Problem）。如果将笛卡尔的"心灵"比作一个因为没有工作技能而找不到工作的人，那么非还原物理主义者的"心灵"则是因为没有空缺的工作岗位而无法获得上岗机会。

然而本书将表明，物理因果闭合性原则并非一个得到经验证据足够辩护的原则。当物理主义者诉诸能量守恒定律来确证物理因果闭合性原则时，实际上是默认了因果关系包含能量转移，然而即便如此，能量守恒定律也无法支持物理因果闭合性原则。而当物理主义者诉诸解释还原主义的成功来确证物理因果闭合性原则时，实际上是将原因等同于律则充足条件（Nomologically Sufficient Conditions），但是即使如此，解释还原主义也并不能支持物理因果闭合性。另外，本书还将表明，由于"物理的"这一概念难以界定，所以物理主义的确切内涵是暧昧不明的，要给出一个关于"物理主义"的清晰、明确的定义，就不能将物理主义视为一个具有真值的本体论学说，而应将其当作一个用以确立合适的本体论的方法论原则。所以，命题"物理世界是因果闭合的"并未得到经验证据的充分辩护，而且该命题的真假是无法断定的。此外，本书还将进一步指出，因果排斥问题之所以会产生，是因为非还原物理主义者采用了不恰当的、混乱的因果观念，忽视了因果关系具有"对照性"，如果采取一种较为恰当的因果理论——干预主义因果理论，那么，因果排斥问题将被消解，而且心理性质的因果作用也将成为可能。

  本书的第一章将详细地介绍与分析因果排斥问题；第二章将阐述金在权的心理因果理论，并表明金在权的理论并不能"挽救"心理性质的因果效力；第三章将分析物理因果闭合性与能量守恒定律的关系，并指出能量守恒定律并不能支持物理因果闭合性；第四章将分析物理因果闭合性与解释还原主义的关系，并指出解释还原主义也不能支持物理因果闭合性；第五章将细致地分析概念"物理的"，并表明我们应该将"物理主义"当作一个用以确立合适的本体论的方法论原则；第六章将重新审视因果排斥问题，并论证心理因果何以可能。

第 一 章

笛卡尔的"报复"

对于笛卡尔的心灵理论,波希米亚王国的伊丽莎白公主提出了如下著名质疑:"既然心灵的本质是思考,没有广延,不处于空间之中,而身体的本质是广延,处在空间之中,那么心灵如何能够对身体产生作用呢?"[1] 对此,笛卡尔始终都没有给出一个合理的回答,实体二元论也因此饱受质疑。从 20 世纪中叶起,物理主义逐渐成为哲学界的主流观点,心灵不再被认为是一种独立存在的实体,从而,心理事件也就不再是心灵的活动,而是发生在复杂的物理系统(脑神经系统)内的事件,这样一来,心理

---

[1] 引自 Jaegwon Kim, "Causation and Mental Causation", in Brian McLaughlin and Jonathan Cohen, eds., *Contemporary Debates in Philosophy of Mind*, USA/MA: Blackwell Publishing, 2007, pp. 227–228。

事件①的因果作用似乎不再遭遇任何哲学难题。然而，随着还原物理主义的式微，非还原物理主义成为心灵哲学界关于心灵的所谓正统观点，心理事件的因果作用开始遭遇诘难，金在权将之称作笛卡尔的"报复"（Descartes' Revenge）②。笛卡尔的"报复"与四个命题相关，分别是：（一）存在心理因果作用；（二）心理性质不等同于物理性质；（三）物理世界是因果闭合的；（四）不存在过度决定（No Overdetermination）。在非还原物理主义的本体论框架下，这四个命题单独来看都是很难怀疑的。

一　存在心理因果作用

如果持笛卡尔式的二元论，那么，心理因果作用会被认

---

① 关于究竟什么是因果关系的关系项（即什么才能承担原因与结果的角色），存在着多种观点，例如，事件（Event）、事物（Object）、性质（Property）、事实（Fact）、事态（State of Affairs）等分别被不同的学者建议作为因果关系的关系项。本书采用最为普遍的因果本体论，将事件作为因果关系的关系项，并且接受金在权提出的事件理论。

金在权认为一个事件就是"某一事物在某一时刻例示某一性质"，所以根据金在权的事件理论，事件是有结构的复合物，其由"事物""性质""时间"三个部分构成。金在权将事件的这三个部分分别称为一个事件的构造事物（Constitutive Object）、构造性质（Constitutive Property）与构造时间（Constitutive Time）。此外，事件自身也可以具有某种性质，但这些性质不是事件的构造性质。例如，事件"荆轲刺秦王"，"刺"是该事件的构造性质，而"发生于公元前227年"虽是该事件的性质，却非该事件的构造性质。

金在权将他自己的事件理论称为"性质例示模型"（Property Exemplification Model），根据该模型，如果两个事件是同一个事件，那么，构成这两个事件的三个部分都要同一。本书接下来在讨论因果作用时将默认地采用金在权的事件理论。

② Jaegwon Kim, *Mind in a Physical World: An Essay on the Mind-Body Problem and Mental Causation*, Cambridge, MA: MIT Press, 1998, p. 38.

是心灵与身体之间的相互作用。而在当代哲学界，由于笛卡尔式的心灵一般不再被认为是本体论中的一部分，所以心理事件被视为是发生在复杂的物理系统内的事件。然而，不管接受何种本体论，心理因果作用大致都可分为三类，分别是：（1）心理事件引起物理事件；（2）物理事件引起心理事件；（3）心理事件引起心理事件。

第一类心理因果作用的例子在我们的日常生活中可谓比比皆是。例如，张三要完成一篇论文，于是他的手指在键盘上做出一系列的物理运动；李四出门前觉得会下雨，所以一把雨伞被李四装进了包里，等等。我们每个人每天的日常生活中不断地发生着这类心理因果作用，我们的日常生活经验使得我们很难否认这类心理因果作用的存在。如果我们的信念、欲望、决定、选择无法成为我们行为的原因，很难想象我们还能够正常地生活。另外，这一类心理因果作用还是我们能够成为道德主体的前提。假设，张三将李四的胳膊打断了，随之张三被李四告上了法庭，经过调查，得知张三和李四平常关系就不和，再加上两人当天因为某事起了冲突，结果张三一怒之下用木棍打断了李四的胳膊。如果以上情况属实，那么法官将会判处张三故意伤害罪，并给以相应的惩处。换一种情况，张三和李四都在某工地上工作，张三在一次意外中弄断了李四的胳膊，结果，李四将张三告上了法庭，法官一定会根据相关情况和法律给出一个判定，但是可以肯定，法官不会判张三故意伤害罪。

为什么在两种情况中，李四的胳膊都被张三弄断了，法官的判罚却不一样呢？这其中的差别就是，在前一种情况中，张三是在他对李四的恨的驱使下打断李四的胳膊的，而在后一种情况中，李四的胳膊受伤并不是因为张三的某一心理状态，而是出于一次意外。所以，通过以上两个例子可以得出如下结论——我们对自己的某一行为负责任的前提条件是我们的某一个或多个心理事件（或状态）是该行为的原因。如果一个机器伤害了某人，我们绝不会去追究该机器的责任，因为我们不认为机器有心理状态，机器对人的伤害也不是它的心理状态的结果。如果我们的行为只不过是我们大脑中的电化学反应的结果，那么我们也将和机器一样无法成为道德主体。所以，如果否认心理事件能够引起物理事件，这将带来非常严重的后果。

第二类心理因果作用的例子也常见于我们的日常生活。例如，张三的手被针扎了一下，这是一个物理事件，张三立刻感觉到了疼痛，而这是一个心理事件；李四的胳肢窝被人挠了一下，李四马上觉得很痒；王五的思绪被一声巨响打断，等等。值得注意的是，这一类心理因果作用还是我们相当大一部分知识得以可能的前提条件。在我们已有的关于世界的知识当中，有很大一部分来自我们的感官经验，而通过感官经验获取知识需要物理事件引起心理事件。例如，天下雨了，然后张三形成了"天下雨了"这一信念，前者是一个物理事件，后者是一个心理事件，并且前者是后者的原因。我们在通过感官观察世界的时候也就是这一类心理因果作用发生的时候。所以，如果没有这一类心理因果作用，我们将失去很大一部分关于世界的知识。

第三类心理因果作用对于我们来说也不陌生。例如，张三想到他支持的球队已经出局了，一股郁闷之情立刻涌上心头，二者都是心理事件，并且前者是后者的原因。再例如，李四一想到可以马上回家了，立马变得开心起来。这些都是我们在日常生活中司空见惯的。此外，非常重要的是，这一类心理因果作用是我们能够拥有知识的前提条件。关于什么是知识，盖梯尔（Edmund Gettier）给出了一个几乎被公认的定义："知识是受到辩护的真信念。"例如，张三说："我知道外面下雨了"，并且外面确实是下雨了，但是，如果张三只是随口一说，并不能给出外面下雨了的证据，我们会认为张三只不过是瞎蒙的，并不是真的知道外面下雨了。而如果张三说："因为我看到外面的地湿了，看到外面的行人打着伞，看到有人在收衣服，所以我知道外面下雨了。"那么，我们则会认为张三真的知道外面下雨了。为什么在后一种情况中张三才是真的知道呢？这是因为张三的信念"外面下雨了"是有原因的，即因为他看到外面的地湿了，外面的行人打着伞，有人在收衣服。所以，当一个人说他知道某事时，他关于该事的信念必须是有其他的信念作为原因的，否则他并不是真的知道该事。因此，心理事件引起心理事件这一类心理因果作用是我们能够真正拥有知识的前提条件。

可见，心理因果作用对于我们是多么重要。正如福多所言：

> 我想伸手的欲望是我伸手的原因，我某处发痒是我挠痒的原因，我的某一信念是我发言的原因……如果以上这些都不是在字面意义上为真，那么几乎我相信的每一件事都将是错的，而这将是世界末日。①

金在权也坦言：

> 如果心理因果性仅仅是虚幻，也许这不会是世界末日，但是对于像福多和我们这样的主体能动者（Agent）和认知者（Cognizer）来说，这绝对将犹如世界末日。决定论也许会威胁到人类作为主体能动者的可能性，而怀疑论则将威胁到人类的知识，但是如果心理因果性是虚幻，那么这将更加严重，因为主体能动者和认知者都将会荡然无存。②

---

① Jerry Fodor, *A Theory of Content and Other Essays*, Cambridge, Massachusetts: The MIT Press, 1990, p. 156.
② Jaegwon Kim, *Mind in a Physical World: An Essay on the Mind-Body Problem and Mental Causation*, Cambridge, MA: MIT Press, 1998, p. 32.

二 心理性质不等同于物理性质

根据常识我们知道，如果两个对象是同一的，那么，二者应该具有相同的属性。关于判断两个对象是否同一，莱布尼兹给出过一个原则，该原则被称为"莱布尼兹定律"："如果 X 和 Y 是同一的，那么 X 和 Y 将拥有完全相同的性质——也就是说，对于任何性质 P，X 能够具有性质 P，当且仅当 Y 也具有性质 P。"[①] 根据该定律，如果心理性质等同于物理性质，那么二者将有着完全相同的属性[②]，否则，我们有理由认为二者是不同的。通过分析可以发现，心理性质与物理性质至少有两大差异。

差异一：获取关于心理性质的知识的方式与获取关于物理性质的知识的方式不同，即心理性质有着一些认识论上的独特性。心理性质在认识论上的独特性可从三个方面来看。第一，关于心理性质的知识是直接的。例如，张三知道他正在牙疼，张三知道他正希望明天出太阳[③]，在这两种情况中，张三的"知道"是直接知道。为什么是直接知道呢？因为张三不需要通过知道任何其他的东西来知道"他正牙疼"或"他正希望

---

① Jaegwon Kim, *Philosophy of Mind*, Boulder: Westview Press, 2006, p. 101.
② 性质也可以具有属性，例如，"是红色的一种"就是性质"粉红色"的属性。
③ 此处可将"牙疼"和"希望明天出太阳"视为两个心理性质。

明天出太阳"。在这两种情况中，关于"张三是如何知道'他正牙疼'"以及关于"张三是如何知道'他正希望明天出太阳'"的问题是不合适的，对于这样的问题，如果张三不得不回答的话，那么张三的回答只能是"我就是知道"。所以，我们关于自己内心状态（或心理性质）的知识是不需要理由的，我们能够直接知道它们。然而，关于物理性质的知识却需要另外的证据。例如，张三不可能直接地知道他的牙齿状况（牙齿的性质），他需要咨询牙医才能知道，而且张三的牙医也无法直接地知道张三的牙齿怎么样了，牙医需要通过观察张三的牙齿来获取证据，并进行分析，才能得出张三的牙齿状况究竟如何的结论。第二，心理性质有着私密性，或者说有着第一人称优先性。例如，如果张三感到牙疼，那么除了张三之外，不会有其他人能够感到他的牙疼。物理性质就不具有这样的私密性。例如，"锅里的水沸腾了"，"沸腾"这一物理性质除了能被张三看见以外，还能被任何在场的人看见，关于该性质，没有任何一个人有着特别的"认识通道"上的优先性。第三，关于心理性质的知识有着不可错性。这方面最典型的就是感觉，例如，如果你现在感到很痛，那么你就真的很痛，如果你没感到痛，那么你也就真的不痛，你不可能形成一个关于"痛"的错误信念。有时候会有人说"你的痛只不过是幻觉，并不是真的痛"，但是"幻觉性"的痛也是痛，只要你觉得你痛。在这一意义上，关于"痛"的知识是不可能为错的。与之相比，关于物理性质的知识就不是如此了。假设如下情况：锅里插了一根很细的透明管子，并且管子向水里面输入空气，结果锅里的水开始翻滚。看到此情况后，你有可能会错以为水是因为沸腾而翻滚，结果形成了"锅里的水沸腾了"的错误信念。

差异二：心理性质具有意向性。关于心理现象，布伦塔诺（Franz Brentano）说道："每一个心理现象总是将某事物作为自身的对象，虽然方式不尽相同。在进行报告时，总是有某对象被报告，再进行判断时，总是有某对象被肯定或否定，爱总是爱某对象，恨总是恨某对象，欲求也是欲求某对象等等。"① 布伦塔诺所提出的心理现象的这种"关于性"或"指向性"一般被称为"意向性"。意向性可分为两种，一种是指向意向性（Referential Intentionality），另一种是内容意向性（Content Intentionality）②。

指向意向性在我们的日常生活中十分常见，例如张三喜欢西瓜，李四讨厌榴梿，王五迷恋足球，都属于指向意向性，在这三个例子中，"喜欢""讨厌""迷恋"都是指向一个对象的。然而，一些物理性质似乎也具有这种"关于性"或"指向性"，例如张三切西瓜，李四剥榴梿，王五踢足球，在这三个例子中，物理性质"切""剥""踢"也"关于"或"指向"一个对象。这样的话，"关于"或"指向"似乎并不是心

---

① 引自 Jaegwon Kim, *Philosophy of Mind*, Boulder: Westview Press, 2006, p. 24。
② Jaegwon Kim, *Philosophy of Mind*, Boulder: Westview Press, 2006, p. 24.

理性质特有的。然而，通过进一步考察，我们还是可以发现心理性质和物理性质的"指向性"的差异。例如，某一个原始部落的成员迷信某一个神明，而该神明根本就不存在；然而，没有哪一个人可以踢一个不存在的足球，"某人踢某物"逻辑上就已经蕴含了该物是存在的，而"某人相信某物"或"某人害怕某物"却不蕴含该物存在。所以，心理性质和物理性质的"指向性"的差异就在于心理性质可以指向一个不存在的东西。

内容意向性则是指心理性质能够表征它们之外的某个事实或事态，并使得自身能够具有为真或为假的属性。例如，张三相信天下雨了，李四记得前天刮了大风，等等，张三的信念和李四的记忆分别表征了两个事实，并且二者的信念和记忆可为真或为假。正是心理性质的这种表征性使得我们能够拥有知识。然而，一些物理的东西似乎也能够进行表征，例如，一块警示牌上写着"前面的路段未通车"，这些物理符号似乎也表征了一个事实，即"前面的路段未通车"。然而，这些物理符号之所以能够进行表征，是因为我们作为语言的使用者用之来进行表征，否则，这些物理符号将没有任何意义，也表征不了任何东西。

以上两大差异是心理性质与物理性质的最主要不同之处。此外，一些学者提出的关于心理性质的理论也会引出心理性质不等同于物理性质的结论。例如，普特南与福多提出了心理性质的"多重可实现性",认为心理性质可以通过不同的物理基础来实现,于是,大多数物理主义者不再接受关于心理性质的还原论,心理性质不再被认为等同于物理性质。再者,戴维森关于心灵的"异态一元论"(Anomalous Monism)也支持心理性质不等同于物理性质。戴维森指出,我们对心理语词的使用遵循的是理性原则,而对物理语词的使用遵循的则是物理定律,两套语言的不同使用规则使得二者之间根本无法建立对应关系,所以,心理语词不能被翻译为物理语词,从而心理性质也不等同于物理性质。当然,还存在着其他的支持心理性质不等同于物理性质的理论,在此无法全部给出,但以上列出的差异和理论足以支持心理性质不等同于物理性质的结论。

三 物理世界是因果闭合的

所谓"物理世界是因果闭合的",指的是,在物理领域发生的事件在因果关联上具有某种闭合性,具体而言,一个物理事件的发生(例如苹果落地)如果是有原因的,那么它一定具有充足的物理原因——该物理原因的发生必然导致作为其结果的物理事件的发生。当前,大多数物理主义者都接受"物理世界是因果闭合的",在很多哲学讨论中,该原则几乎被当作一个"教条"在使用。

物理因果闭合性原则显然不是一个先天为真的原则,因为一个有原因的物理事件有着充足的非物理原因或者有着部分的非物理原因在逻辑上是可能的。关于物理因果闭合性原则，帕皮纽（David Papineau）指出：

> 在20世纪的前半个世纪期间，酶的催化作用和其蛋白质构成被发现了，基础的生物化学循环被揭示出来了，蛋白质的结构也已被分析，并最终发现了DNA。在同一时期，神经生理学研究描绘出了身体的神经网络并分析出了与神经活动相关的电机制。这些科学上的共同发展使得我们很难继续认为生物体内有着特殊力在运作。如果这些力存在的话，那么它们应该会呈现出一些它们存在的证据。然而除了揭示出熟悉的物理力的证据之外，细致的生理学研究没能揭示出任何关于其他力的证据。[①]

> 从19世纪晚期到20世纪，越来越多的科学家开始怀疑生命力和心理力的存在。最重要的证据不是来自物理学，而是直接来源于生理学和分子生物学。在过去的150年里，关于生物系统的工作机制（包括大脑）我们已经获取了相当多的知识，没有任何迹象表明我们需要物理力之外的东西来对它们的运作进行解释。尤其是20世纪，关于发生在细胞内部的过程的知识取得了爆炸性的增长，然

[①] David Papineau, "The Rise of Physicalism", in Carl Gillett and Barry Loewer, eds., *Physicalism and Its Discontents*, Cambridge: Cambridge University Press, 2001, p. 31.

而其中也没有任何证据表明有任何物理化学之外的东西存在。其结果就是当今绝大多数科学家否认生命力和心理力的存在，并接受物理领域的因果闭合性。①

此外，帕皮纽还指出：

20世纪50年代和60年代，很多哲学家开始论证物理主义，而该观点（即物理因果闭合性）的不同形式构成了所有论证物理主义的著作的基础。例如，斯玛特（John Smart）就认为我们应该将心理状态等同于大脑状态，否则心理状态将在解释我们的行为时起不到任何作用。类似地，安斯康姆（David Armstrong）和刘易斯（David Lewis）的论证说道：因为心理状态的个体化条件是它们所起到的因果角色，例如它们作为行为的原因的角色，又因为我们知道物理状态已经起到了这些作用，所以心理状态必须等同于这些物理状态。再看看戴维森（Donald Davidson）的论证又说了些什么，因为唯一支配行为的定律就是将行为和物理前件连接起来的定律，所以只有当心理事件等同于这些物

---

① David Papineau, "The Causal Closure of the Physical and Naturalism", in Brian McLaughlin and Ansgar Beckermann and Sven Walter, eds., *The Oxford Handbook of Philosophy of Mind*, Oxford: Oxford University Press, 2009, p. 57.

理前件时才能成为行为的原因。①

所以在帕皮纽看来，物理因果闭合性原则可谓是物理主义的理论基础。在很多人看来，物理主义之所以兴起，是因为物理学取得了相当大的成功，但是该解释经不起推敲，因为早在16、17世纪物理学就已经非常成功了，但那时候唯心主义却牢牢地占据着主流位置。但如果认同帕皮纽的观点，物理主义兴起于20世纪中叶便有了合理的解释，因为物理因果闭合性在此时才开始被广泛接受。

需要注意的是，物理因果闭合性原则并没有断言每一个物理事件都有原因，所以该原则并不等同于物理决定论——每一个物理事件都有充足的物理原因②。另外，物理因果闭合性原则只是一个断言物理领域内的事件如何发生的原则，并没有声称所有的存在物都是物理的，其仅仅是说如果一个物理事件的发生有原因，那么，其一定有充足的物理原因。因此，物理因果闭合性原则并没有否认存在着非物理的实体，完全有可能存在这样的一个领域——该领域不与物理领域有任何因果关联，但是该领域是真实存在的。不过，虽然物理因果闭合性原则并不否认非物理实体的存在，但是却使我们有理由相信，那些能

---

① David Papineau, "The Rise of Physicalism", in Carl Gillett and Barry Loewer, eds., *Physicalism and Its Discontents*, Cambridge: Cambridge University Press, 2001, p. 8.
② Jaegwon Kim, *Philosophy of Mind*, Boulder: Westview Press, 2006, p. 195.

够作用于物理领域的非物理实体实际上是物理实体。

比如，经验告诉我们，生物领域、气象领域、心理领域等的事件都能产生物理结果。譬如，由于张三得了感冒（生物事件），结果张三的身体的温度升高了（物理事件）；龙卷风经过了一个村庄（气象事件），结果村庄里的很多房屋塌了（物理事件）；张三想看书（心理事件），结果书架上的一本书的空间位置发生了变化（物理事件）。根据物理因果闭合性原则，以上三个物理事件都应该有充足的物理原因，而且现代科学确实也告诉了我们它们各自的物理原因——张三的身体的温度升高是因为他感染了某种病毒，结果体内的化学反应发生了变化；房屋倒塌是因为高速运动的气体分子的集体性撞击；书被张三的手从书架上取下来是因为张三大脑里的某些神经元发生了某种反应。既然如此，"得感冒（生物事件）""龙卷风经过（气象事件）""张三想看书（心理事件）"还如何能够有"用武之地"呢？物理因果闭合性原则似乎没有为这些非物理的东西留下任何因果作用的空间。除非，这些乍看上去非物理的东西实际上就是物理的，也就是说，除非"得感冒"实际上就是"感染病毒引发体内的化学反应发生变化"，"龙卷风"实际上就是"高速运动的气体分子"，"张三想看书"实际上就是"某些神经元的反应"，否则我们很难赋予它们因果效力。所以，尽管物理因果闭合性原则并不否认非物理实体的存在，但是让我们有理由相信，那些能够作用于物理领域的非物理实体仅仅在名义上是非物理的，并不是在本体上非物理的。

在已有的相关文献中，有两个版本的物理因果闭合性原则，强版本的物理因果闭合性原则主张"凡有原因的物理事件，其原因只能是物理事件，即任何非物理因素皆不能对物理领域产生因果作用"；弱版本的物理因果闭合性原则不排除非物理因素（例如心理因素）有可能对物理领域产生因果作用，但强调任何作为结果的物理事件都有着充足的物理原因。本书接下来使用的将是"弱版本"的物理因果闭合性原则。

帕皮纽又将物理因果闭合性称为物理学的完备性（The Completeness of Physics），所以给出了两个表述，一个是"所有的物理结果都有着完备的物理原因"[1]，另一个是"所有的物理结果都有着充足的物理原因"[2]。金在权则在该原则中加入了时间因素，表述为"如果一个物理事件在时刻 T 有原因，那么它在时刻 T 将有充足的物理原因"[3]。所以，帕皮纽和金在权接受的是弱版本的物理因果闭合性原则。巴贝拉（Montero Barbara）则支持强版本，给出的表述是："物理结果只有物理原因。"[4]

---

[1] David Papineau, *Philosophical Naturalism*, Oxford: Blackwell, 1993, p. 172.
[2] David Papineau, "Mind the Gap", in James Tomberlin ed., *Philosophical Perspectives, Language Mind and Ontology*, Oxford: Blackwell, 1998. p. 375.
[3] Jaegwon Kim, *Philosophy of Mind*, Boulder: Westview Press, 2006, p. 195.
[4] Montero Barbara, "Varieties of Causal Closure", in Sven Walter and HeinzDieter Heckmann, eds., *Physicalism and Mental Causation*, Exeter: Imprint Academic, 2003, p. 175.

如果物理因果闭合性原则是指，每一个有原因的物理事件都有着充足的物理原因，那么量子力学将会带来不小的麻烦，因为发生在量子领域的事件——例如微观粒子的放射性衰变——似乎并没有任何充足的原因。但是，或许可以将作为量子事件的充足原因的事件理解为决定了其发生概率的事件或增加了其发生概率的事件，诺德霍夫（Paul Noordhof）就如此理解量子事件的原因，并将物理因果闭合性原则表述为："每一个物理结果的概率仅仅由物理事件来确定。"[①] 也有一些物理学者比较极端，提出量子事件完全是随机事件，没有任何原因。如果量子事件完全是随机的，那么由量子微粒构成和实现的宏观物理世界又如何能够有因果关系呢？这是一个问题。当然，量子领域的因果问题一直饱有争议，尚无定论，本书将避开这一难题。

四 不存在过度决定

在日常生活中，当我们确定了某一事件的原因之后，便不会再继续寻找该事件的原因了，绝大多数人应该都是如此。例如，当医生确诊了病人的某个症状的原因后，不会再去诊断该症状的第二个、第三个原因；当侦探侦破了某一起案件的原因

[①] Paul Noordhof, "The Overdetermination Argument versus the Cause-and-Essence Principle—No Contest", *Mind*, Vol. 108, No. 430, April 1999, p. 367.

之后，也不会再去探寻其他的原因了。根据我们的日常生活经验，一个事件似乎不会有两个或更多的充足原因。

如下情况有没有可能呢？假设一间房屋被烧毁了，其着火的原因有两个，一个是电路短路，另一个是壁炉里的火过大，并且这两个原因各自同时使得该房屋的同一处地方燃烧起来。直觉告诉我们，这种情况应该不会发生，我们会相信肯定是"电路短路"和"壁炉里的火过大"二者中的一个在时间上先使得该处地方燃烧起来，而不会二者同时使得该处燃烧起来。如果该假设的情况发生了，那么就是一个过度决定的情况，对于过度决定，绝大多数哲学家都予以了否认。金在权将"不存在过度决定"表述为："没有哪一个事件在某一时刻有多于一个的充足原因"[1]；"如果一个事件有了一个充足原因，那么任何其他与该原因同时发生的事件都将无法成为该事件的原因"[2]。

过度决定指的是一个事件在某一时刻有两个或两个以上的充足原因，这里有必要列出一些表面上有些像过度决定但实际上并非过度决定的情况，以对"不存在过度决定"这一原则有更好的理解。情况一，两个原因共同导致一个结果。关于这一情况，金在权给出了一个例子，"由于司机粗心地刹车，再加

---

[1] Jaegwon Kim, *Physicalism, or Something Near Enough*, NJ: Princeton University Press, 2005, p. 42.

[2] Jaegwon Kim, *Supervenience and Mind: Selected Philosophical Essays*, Cambridge: Cambridge University Press, 1993, p. 360.

上马路结了冰,于是一起车祸发生了"①。在这一个例子中,原因"司机粗心地刹车"和"马路结冰"要是各自单独发生的话,并不会导致一起车祸的发生,所以该例子并不是过度决定的情况。情况二,一个事件的两个原因实际上是一个原因。例如,一个气球爆炸了,我们可以说是因为它里面的气体的压力过大,也可以说是因为它里面的气体分子的平均运动速度过大,在这一情况中,气球在爆炸的那一刻并没有两个充足的原因,"气球内的气体的压力过大"和"气球内气体分子的平均速度过大"实际上是同一个事件,所以该例子也不是过度决定的情况。情况三,某一事件的两个原因之间有因果关系。例如,张三因为喝酒造成驾车不当,结果出了车祸,在这一情况中,车祸的发生也不是过度决定,因为车祸发生的两个原因——喝酒与驾车不当——并不是发生在同一时间,并且前者是后者的原因。通过考察这三种情况,我们更清楚地了解了过度决定的发生所需要满足的条件。如果一个事件的发生是过度决定,那么首先,其要有多个充足的原因,充足的意思是指即使只有该事件的多个原因中的任何一个单独发生,该事件也会发生。再者,多个原因要同时发生。

在已有的反驳过度决定的论证中,比较重要的是"巧合论证"。赛德(Theodore Sider)让我们想象:

---

① Jaegwon Kim, *Supervenience and Mind*, Cambridge: Cambridge University Press, 1993, p. 254.

有一个妄想症患者,该患者认为,每当有某人被枪杀,总是有两个射击者对被杀者进行射击。我们会认为患者的想法不正常,为什么?原因是,如果每一次的枪杀总是两个人在同一时间并且在相互邻近的地方开枪射击同一个目标,那么这将是过于巧合的。这么大的规律性需要一个解释,然而其并没有解释,仅仅是巧合。[1]

假如世界上的有原因的事件总是过度决定的——就像上述例子中的被枪杀者总是有两个凶手一样,那么世界就是一个充满巧合的世界。如果我们相信世界有可能如此的话,那么我们也就成了这个例子里的妄想症患者。金在权说道:"如果认为我们所做出的每一次行动都有两个不同的充足原因,也就是说是过度决定的,那么这将是极度古怪的。"[2] 希弗(Stephen Schiffer)则从神学的角度否定了过度决定的可能性,希弗说道:"很难相信'上帝'是这样差的一位设计师,以至于允许过度决定存在。"[3]

---

[1] Theodore Sider, "What's So Bad About Overdetermination", *Philosophy and Phenomenological Research*, Vol. 67, No. 3, Nov 2003, p. 722.

[2] Jaegwon Kim, *Supervenience and Mind: Selected Philosophical Essays*, Cambridge: Cambridge University Press, 1993, p. 247.

[3] Stephen Schiffer, *Remnants of Meaning*, Cambridge, MA: MIT Press, 1987, p. 148.

五 因果排斥问题

经过上文的考察，可以发现这四个命题都很难被否定。下面用更为抽象的方式将这四个命题的内容表达出来：（1）心理事件 m 引起物理事件 p；① （2）m 不等同于物理事件 p^*。（3）p 没有两个或更多的充足原因；（4）p 有着充足的物理原因，假设是 p^*。很明显，这四个命题是相互冲突的，由于物理主义者一般都会接受（2）（3）（4），从而心理事件的因果效力（Causal Efficacy）受到了排斥，这也就是所谓的"因果排斥问题"。要消除这四个命题之间的冲突，一个办法就是"抛弃"其中的一个命题，然而，抛弃任何一个都会带来问题。

第一种选择是抛弃（1），即否认心理事件 m 能够起到因果作用。该选择会导致的后果是，心理事件将成为副现象。作为副现象论的系统阐述者，19 世纪英国博物学家赫胥黎（Thomas Huxley）认为："动物的意识和它们身体的机制之间的关系就像其身体机制工作时的副产品附随于其身体机制一样，对身体机制的工作完全没有任何的作用和影响，正如机车

---

① 心理因果作用包括三类，不过本书的研究重点是心理事件作为物理事件的原因（心理事件作为行为事件的原因）的可能性。

的引擎工作时发出的声音对引擎的运转毫无影响一样。"① 在赫胥黎看来，人类的意识也是如此：

> 根据我的判断，运用于动物的论证同样地也能运用于人。因此，我们所有的意识状态，就像动物的意识状态一样，是由我们大脑中的分子直接引起的。对于我来说，无论是人还是动物，都没有证据表明任何意识状态是有机体运动的原因，我们不过是有意识的机器。②

新行为主义的主要代表斯金纳（Burrhus Skinner）在其总结性论著《关于行为主义》（1974）一书中也阐释了副现象论："世界只有一个物理维度或方面，其因果性是自然的封闭的因果性。意识只是这物理世界的副产品，不能参与物理世界的因果锁链。"关于副现象，金在权有一个比喻："假设一辆车从一处驶向另一处，该车的影子也随着从一处到了另一处，很明显，该车的影子不是该车运动的原因，同样地，两处的影子之间也没有任何的因果关系。"③

所以，如果接受关于心理事件的副现象论，心理事件将成为因果链条的终端④，不能引起任何其他事件。如果心理事件

---

① 引自 Jaegwon Kim, *Philosophy of Mind*, Boulder: Westview Press, 2006, p.178。
② 引自 Jaegwon Kim, *Philosophy of Mind*, Boulder: Westview Press, 2006, p.178。
③ Jaegwon Kim, *Philosophy of Mind*, Boulder: Westview Press, 2006, p.179.
④ Jaegwon Kim, *Philosophy of Mind*, Boulder: Westview Press, 2006, p178.

不能起到因果作用，严重的后果将会接踵而来。首先，如果心理事件不能引起物理事件，那么我们将不能对我们的行为负责，因为我们成为道德主体的前提就是我们的心理事件能够成为我们的行为的原因。再者，如果心理事件不能引起心理事件，那么我们将不能拥有真正的知识，因为我们的某个信念要成为知识，其必须能够是其他信念的结果，即受到辩护。因此，如果抛弃（1）而接受关于心理事件的副现象论，那么我们将面临不能成为道德主体和不能拥有真正的知识的局面，这样的结果显然是无法接受的。

第二种选择是抛弃（2），即承认心理事件就是物理事件。如果心理事件就是物理事件，那么心理事件的因果效力将不会受到物理事件的排斥，因为二者本身就是同一个事件，何来排斥。然而，做出该选择是不容易的，因为这需要忽视心理性质与物理性质之间的差异。而且，将心理事件等同于物理事件，尽管可以"保住"心理事件的因果效力，但是心理事件失去了自主的（Autonomous）因果作用——自主的心理因果作用是指心理事件作为心理事件本身而起到独特的因果作用。比如，"我想喝水"这一欲望要成为"我拿杯子去倒水"的自主的原因，那么其就需要作为欲望本身而不是作为某种大脑状态使得我拿杯子去倒水。金在权也承认：

最佳的或者说最令人满意的结果将是按着非还原物理

主义的路径来保住心理因果，因为这或许将允许我们既保住心理性质的因果有效性，又保留其相对于物理领域的自主性。但是这样的结果是不可能获得的，因为实际上，保住心理因果的唯一希望就是物理还原主义。物理还原将拯救心理性质的因果有效性，而心理因果为此付出的代价就是失去其自主性。①

所以，虽然将心理因果还原为物理因果能够拯救心理因果作用，但是如果心理因果作用因此而丧失了自主性，我们同样会面临麻烦。因为如果起因果作用的心理事件实际上是物理事件，而物理事件又受物理定律的支配，那么我们将失去决定我们行为的能力。如果我们的行为归根结底只不过是一些前提条件加上物理定律的结果，我们还谈何对自己的行为负责呢？我们如何还能成为道德主体呢？所以，如果我们要能够成为道德主体，那么我们的心理事件必须能够起到自主的因果作用。因此，如果抛弃（2），并接受关于心理事件的还原主义，也会带来严重的难题。

第三种选择是抛弃（3），即承认存在过度决定。如果接受这一选择，那么我们的每一次行为都将是过度决定，这样的话，我们将面临一系列难题。首先，假如我们的每一次行为都

---

① Jaegwon Kim, *Physicalism, or Something Near Enough*, NJ: Princeton University Press, 2005, p.159.

是过度决定，那么每一次行为都将有两个充足的原因，一个是心理事件，一个是物理事件，并且这两个事件同时发生。这样的话，我们将需要解释一个难题——为何心理事件和物理事件总是同时发生？

莱布尼兹认为，心理结果只能有心理原因，物理结果只能有物理原因，"上帝"在创造的时候使得人的每一次行为发生之前总是有一个心理事件发生，并且这一心理事件和每一次行为的物理原因总是同时发生，这也就是莱布尼兹的"前定和谐论"。莱布尼兹的前定和谐论虽然能够解释心理事件和物理事件的同时发生，但是却否定了心—物因果作用，而这是难以接受的。

再者，如果我们的每一次行为都是过度决定，那么在每一次行为中，无论是"心理事件引起行为事件"还是"物理事件引起行为事件"都将无法支持反事实条件分析。例如，假设行为 p 的发生是过度决定，那么它的发生有两个充足的原因，分别是心理事件 m 和物理事件 p^*，由于 p 是过度决定，所以即使 m 不发生，p 照样会发生，从而反事实条件句——"如果 m 不发生，那么 p 也不会发生"将为假，然而，这显然不符合我们关于因果关系的直觉，同样地，p^*引起 p 也将不支持反事实条件句——"如果 p^* 不发生，那么 p 也不会发生"。

另外，如果我们的每一次行为都是过度决定，那么即使心理事件实际上并没有发生，我们依然会有同样的行为。例如，我被针扎了一下，即使我没有感到痛，我也同样会大叫一声；就算我没有感到口渴，我也同样会去倒水喝。如果将之扩展至整个人类社会，那么将会出现如下情况：即使人类没有想象、追求、向往、欲望等，我们也将拥有着同样的物质文明——我们照样会有高楼大厦、火车、飞机等；即使我们没有知识，我们照样能够登上月球；我们的生活也谈不上有什么目的，等等。然而，这样的后果实在是荒谬的，无法想象的。因此，如果抛弃（3），即承认存在过度决定，那么我们所遭遇的困难并不亚于抛弃（1）和抛弃（2）。

最后一种选择是抛弃（4），即不接受物理因果闭合性原则。然而，在当代心灵哲学的讨论中，物理因果闭合性原则往往被当作一个不受质疑的"教条性"原则。在当代广泛的科学研究领域中，物理因果闭合性原则是一个重要的方法论前提，例如，神经科学家肯定相信人的行为的原因都在人的神经系统之中。因此，"抛弃物理因果闭合性原则"肯定是大多数物理主义者不会同意的，貌似也是不太符合当代时代精神的。

综上分析，"存在心理因果作用""心理性质不等同于物理性质""物理世界是因果闭合的""不存在过度决定"这四个命题中的每一个都是难以怀疑的，"抛弃"其中的任何一个都会带来很大的困境。然而，如果同时接受这四个命题，又会产生逻辑冲突，导致心理性质的因果效力遭受质疑。因此，虽然物理主义者不再面临笛卡尔式的心理因果难题，但是却遭遇了新形式的心理因果难题，金在权将之形象地称为"笛卡尔的'报复'"——"因果排斥问题"。

第 二 章

金在权的心理因果理论[*]

也是在1643年,波希米亚王国的伊丽莎白公主在写给笛卡尔的另一封哲学书信中说道:"我承认,对于我来说,接受心灵的物质化和广延化要比接受一个非物质的事物有着推动身体的能力更为容易。"[①] 笛卡尔的实体二元论之所以衰落,与伊丽莎白公主提出的心身作用难题可谓不无关系。然而,伊丽莎白公主没有料到的是,三百多年后,她关于心灵的洞见居然逐渐成为哲学界的主流观点。

20世纪中叶以来,大多数哲学家不再认为世界上存在着两种本质上不同的实体,并认为世界上的实体都是由物理质料构成。心灵自然是不再被视为人的构成部分,人被看作一种高度复杂的物理实体,人的大脑被赋予了人的行为的"指挥官"的

---

[*] 本章原载于《科学技术哲学研究》2015年第3期,内容略有修改。
[①] 引自 Daniel Garber ed., *Descartes Embodied*: *Reading Cartesian Philosophy through Cartesian Science*, Cambridge: Cambridge University Press, 2001, p. 172。

地位。如果我们的行为只不过是大脑中复杂的物理化学反应的结果，那么我们的心理状态还如何能够成为我们的行为的原因呢？除非心理状态就是大脑状态，然而，作为主流观点的非还原物理主义否认心理状态等同于大脑状态。难道我们的心理状态引起行为只不过是虚幻？可是根据常识，心理状态是我们的行为的原因却显得这么真切。看来，"心身作用如何可能"这一问题不仅难住了当年的笛卡尔，也难住了当今的物理主义者。"心身作用如何可能"并没有因为心理实体的"消亡"而变得稍微容易一些，金在权将物理主义者遭遇的这一困难称作"笛卡尔的报复"，即因果排斥问题。

心理事件是如何引发物理结果的？不少物理主义哲学家提出了自己的解决方案，而在这些哲学家中，将该问题处理得最为细致的当数金在权。要熟悉在物理主义本体论框架下如何应对心理因果问题，了解金在权的心理因果理论应该是最佳途径。在金在权关于"心身作用如何可能"的思考历程中，他的心理因果理论发生了不少变化，但是都可视作对因果排斥问题的尝试性解决。

接下来，本章首先阐述和分析"随附因果理论"（Supervenient Causation Theory），该理论是金在权最早提出的心理因果理论，然后是他的"功能还原主义理论"（Functional Reductionism Theory），该理论又可根据对心理性质如何存在这一问题的处理的不同而分为三种，分别是"析取功能还原主义"

(Disjunctive Functional Reductionism)、"功能性质概念主义"（Functional Property Conceptualism）、"殊型还原主义"（Token Reductionism）。最后，本章将对这些心理因果理论进行评析。

一 随附因果理论

20世纪60年代以来，由于普特南和福多提出的心理性质的"多重可实现性"，以及戴维森提出的心灵的"异常性"，认为心理性质等同于物理性质的"心物同一论"（即关于心灵的还原物理主义）逐渐失去了支持者，关于心灵的非还原物理主义成为心灵哲学界的主流。金在权也认为心理性质不等同于物理性质，原因在于，心理性质有着私密性或现象性，即只有心理性质的经验主体自身才能直接地经验到心理性质的存在，而物理性质则不是如此，因为物理性质是可公共观察的[①]。

如果心理性质不等同于物理性质，那么心理性质和物理性质之间是什么关系呢？金在权认为："心理性质随附于物理性质，也就是说，如果任何一个系统S在时间T例示了一个心理性质M，那么系统S在时间T必然例示一个物理性质P，且任何一个在某一时刻例示性质P的物体必然都会同时例

[①] Jaegwon Kim, *Physicalism, or Something Near Enough*, NJ: Princeton University Press, 2005, pp. 169–170.

示性质 M。"① 但是，这只不过表明心理性质与物理性质之间有着共变关系，即使是莱布尼兹的"平行论"也满足，所以金在权继续指出，心理性质要随附于物理性质，二者显然不能仅仅是共变关系，他说道："我将随附性视为一种本体论上的依赖关系，……一个生物在某一时刻之所以例示了一个心理性质是因为，或通过，其在同一时刻例示了一个'基础性'的物理性质。"② 所以，随附性包含了一种不对称性，即心理性质依赖于物理性质，而不是反过来，也就是说，不可能存在一个仅仅具有心理性质的事物，一个事物要具有心理性质，它必须先具有物理性质，心理性质对物理性质的依赖性是任何形式的物理主义必须满足的，也正是这一点使得物理主义能够与唯心论、二元论区分开来。另外，随附性是一种共时性的关系，即随附性质与基础性质是同时存在的，所以随附关系不同于因果关系，因为原因与结果之间会有一个时间间隙。

金在权认为，由于心理性质随附于物理性质，这使得二者的联结足够紧密，心理性质的因果效力因此而得到了"保障"。金在权说道：

---

① Jaegwon Kim, *Physicalism, or Something Near Enough*, NJ: Princeton University Press, 2005, p. 33.

② Jaegwon Kim, *Physicalism, or Something Near Enough*, NJ: Princeton University Press, 2005, p. 34.

如果痛的感觉引起了稍后发生的害怕的感觉，那么实际情况是：痛的感觉随附于某一个大脑状态，该大脑状态引起了另一个大脑状态，而这一大脑状态的发生使得害怕的感觉发生了，因为害怕的感觉随附于这一大脑状态。对于我来说，这足以"挽救"我们平常赋予心理事件的因果效力。①

当一个心理事件 m 引起一个物理事件 p，这之所以可能，是因为心理事件 m 随附于另一个物理事件 p^*，而且 p^* 引起 p。……类似地，如果一个心理事件 m 引起了另一个心理事件 m^*，这之所以可能是因为 m 随附于物理事件 p，m^* 随附于物理事件 p^*，而 p 引起 p^*。②

所以，心理事件是因为随附于物理事件而能够处在因果关系之中，金在权将这种因果关系称作"随附因果关系"。但是不久之后，金在权便开始质疑自己的随附因果理论。金在权讲道：

---

① Jaegwon Kim, *Supervenience and Mind: Selected Philosophical Essays*, Cambridge: Cambridge University Press, 1993, pp. 106 – 107.

② Jaegwon Kim, *Supervenience and Mind: Selected Philosophical Essays*, Cambridge: Cambridge University Press, 1993, p. 106.

随附性一般被认为是性质与性质之间的关系，例如心理性质随附于物理性质。但是，根据金在权的事件理论，一个事件就是某一实体在某一时刻 t 例示某一性质，所以，随附性也可以是事件与事件之间的关系。

如果一个事件 E 有了一个充足的原因，那么任何其他与这一原因同时发生的事件将无法成为 E 的原因——除非是真正的过度决定的情况（即一个事件有两个或两个以上的充足原因），而这种可能性可以忽略掉。因此，物理因果闭合性（有原因的物理事件有着充足的物理原因）没有为非物理原因成为物理事件的原因留下任何空间，如果一个物理事件已经有了一个充足的物理原因，那么由非物理的心理性质的例示所构成的事件还能有什么因果工作可做呢？①

这样一来，心理事件引起物理事件是不可能的。那么一个心理事件引起另一个心理事件是否可能呢？金在权也做了否定，因为"'垂直的'决定与'水平的'因果作用之间存在着竞争，而'垂直的'决定排斥掉了'水平的'因果作用"②。例如，假设心理事件 m 引起了心理事件 m*，而根据随附性，m* 由一个物理事件 p* 完全决定，从而 m* 的发生并不是由 m 引起，对于 m* 的发生，m 并没有起到任何作用，于是，m 无法成为 m* 的原因。所以，金在权指出：

---

① Jaegwon Kim, *Supervenience and Mind: Selected Philosophical Essays*, Cambridge: Cambridge University Press, 1993, p. 361.

② Jaegwon Kim, *Physicalism, or Something Near Enough*, NJ: Princeton University Press, 2005, p. 36.

尽管 m 不完全具有 p 相对于 p* 的因果地位，但是为什么不能因为 m 随附于 p 而说 m 是 p* 的一个衍生性的原因呢？几年前，我认为这也许是一种貌似可行的维护心理因果的方式。但是，我很快发现这只不过是一种空洞的文字上的花招，是毫无意义的伎俩，因为实际情况是 p 引起了 p*，认为 m 引起了 p* 并将之称为随附因果并没有改变哪怕一点点的实际情况。①

二　功能还原主义理论

在放弃了随附因果理论之后，金在权开始质疑"非还原物理主义"的合理性：

> 一些哲学家仍然在不屈不挠地努力在非还原主义这一流行的框架内解释心理因果的可能性，而我相信，如果我们已经了解了过去三十年内的争论，那么我们将明白，除非将假定的心理因果完全地纳入到物理世界，否则维持它们的因果地位是没有希望的。心理因果要获得实在性，必须将心理状态还原成物理状态，或者说将心灵还原成大脑。②

---

① Jaegwon Kim, *Physicalism, or Something Near Enough*, NJ: Princeton University Press, 2005, p. 62.
② Jaegwon Kim, *Physicalism, or Something Near Enough*, NJ: Princeton University Press, 2005, p. 156.

在金在权看来，我们要么接受非还原物理主义，并且接受关于心理性质的副现象论，要么接受某种形式的还原主义。金在权选择了后者。

金在权将他的还原主义称为功能还原主义。根据这种还原主义，如果要将某一心理性质还原，首先要给出关于这一心理性质的功能定义，也就是将心理性质功能化。如果 F 是一个能被功能还原的性质，根据金在权的说法，那么"具有性质 F 就是具有某一个性质或机制 P，且 C (P)，而 C 是对 P 要完成的因果任务的刻画"[①]。例如，金在权假设，如果性质"痛"能够被功能还原，那么可以将"痛"功能定义如下："X 处在痛中 = X 处在某种状态 P 中，而 P 的例示是由 X 的组织受到损坏或创伤而引起，并且 P 的例示使得 X 出现某种厌恶行为。"[②] 在对 F 做出功能定义之后，接下来要做的就是"找到完成 C 所刻画的因果任务的性质或机制"[③]。也就是说，我们要找出到底是什么物理性质实现了 F。例如，对于我们人类来说，"神经元 C 的激活"可能是"痛"的实现者，即在我们的组织受到损坏或创伤的时候，神经元 C 因此而被激活了，而神经元 C 的激活又引起了某种厌恶行为的发生。但是，"神经元 C 的激活"只不过是"人类的痛"的实现者，其他生物则是通过其他的方式

[①] Jaegwon Kim, *Philosophy of Mind*, Boulder: Westview Press, 2006, p. 280.
[②] Jaegwon Kim, *Philosophy of Mind*, Boulder: Westview Press, 2006, p. 288.
[③] Jaegwon Kim, *Philosophy of Mind*, Boulder: Westview Press, 2006, p. 280.

来实现"痛",例如章鱼的"痛"的实现者可能是"神经元O的激活",而外星人的"痛"的实现者则可能是某种差异极大的物理状态。在找到功能性质F的实现者之后,再接下来要做的就是"发展出一个理论,而该理论能够解释在某一系统或群体中,被如此功能定义的F的实现者是如何完成因果任务C的"①,而这是科学研究的任务。例如,科学家将会告诉我们神经元C是如何被激活的,以及它是如何引起某种厌恶行为的。

金在权提出功能还原是为了"挽救"心理性质的因果效力,然而我们将发现,金在权的功能还原主义并不能达到这一目的。在说明作为功能性质的心理性质如何存在这一问题上,金在权提出了三种处理方式,而这三种方式要么会导致关于心理性质的副现象论或消去主义②,要么使得金在权的心理因果理论类似于他所批判的戴维森的"异态一元论"。这三种处理方式分别是"析取功能还原主义""功能性质概念主义""殊型还原主义"。接下来,本章将依次对这三种理论进行考察。

1. 析取功能还原主义

如果心理性质M被功能化了,那么将会有一个物理性质(M的实现者)P来完成M的因果工作。那么M和P之间是什么关系呢?金在权一开始认为:"如果性质M符合某种因果刻

---

① Jaegwon Kim, *Philosophy of Mind*, Boulder: Westview Press, 2006, p.280.
② 消去主义在心身问题上主张取消"心灵",即否认心理实在的本体论地位。

画H，且P是满足H的性质，那么M就是P。"[1] 但是情况并没有这么简单，因为M作为功能性质是多重可实现的，例如前文提到的性质"痛"，我们人类的"痛"是由神经元C的激活来实现的，章鱼则是神经元O，外星人则可能是某种物理状态Px，等等。所以，性质"痛"并不能等同于某一个物理性质，那么"痛"是否能够等同于析取性质"'神经元C的激活'或'神经元O的激活'或'Px'……"呢？金在权认为这是可行的，他说道："假设M（心理性质）有着多样的物理实现者：P_1，P_2……Ps，如果M要等同于任何物理性质，唯一的候选者就是性质'P_1或P_2或……Ps'。"[2] 金在权将之称为"析取功能还原主义"。

然而，析取性质"P_1或P_2或……Ps"能够算作实在的性质吗？如果"P_1或P_2或……Ps"是实在的物理性质，并且M＝"P_1或P_2或……Ps"，那么"P_1或P_2或……Ps"应该能够帮助我们解释心理性质M的因果效力，然而"P_1或P_2或……Ps"真的能够进行解释吗？其具有解释效力吗？打个比方，张三对一件偷盗案进行了一番调查，回到警察局做汇报的时候说，这一偷盗案的嫌疑犯是"李四或王五或赵六或……X"，等张三的汇报做完，他的工作也算是玩完了，因为他等

---

[1] Jaegwon Kim, *Mind in a Physical World: An Essay on the Mind-Body Problem and Mental Causation*, Cambridge, Mass: MIT Press, 1998, pp. 98–99.

[2] Jaegwon Kim, "Responses", *Philosophy and Phenomenological Research*, Vol. 65, No. 3, Nov 2002, p. 672.

于没做汇报。类似地，析取性质"P_1或P_2或……P_s"也无法进行有效的解释，所以，即使能够将性质"M"还原成析取性质"P_1或P_2或……P_s"，M的因果效力也没有得到解释。

再者，假设M某一次的实现者是析取性质"P_1或P_2或……P_s"中的一个析取项P_1，并且P_1是实在的性质，这样一来，P_1将充分地完成M这一次的因果任务，那还有什么"因果工作"留给析取性质"P_1或P_2或……P_s"呢？显然没有。同样地，如果M另一次的实现者是P_2，那么P_2也将充分地完成M这一次的"因果工作"，析取性质"P_1或P_2或……P_s"照样没有任何"因果工作"可做。依次类推，析取性质"P_1或P_2或……P_s"总是没有"因果工作"可做，这就使得析取性质"P_1或P_2或……P_s"成了副现象。金在权提出功能还原的一大目的就是避免心理性质成为副现象，然而，将心理性质还原为析取性质却导致了金在权试图避免的结果。

所以，"析取功能还原主义"既不能帮助我们解释心理性质的因果效力，也无法"挽救"心理性质的因果效力。

2. 功能性质概念主义

出于"析取功能还原主义"遭遇的困境，金在权又提出了"功能性质概念主义"，将心理性质做了唯名论的处理，认为心理性质只不过是概念。金在权认为，这种处理方式的好处就在于我们将无须把析取性质纳入到我们的本体论中。金在权举例道：

如果痛是一个功能性质，可用物理输入和行为输出来定义，且能够通过不同的神经的、生物的、物理的结构来实现，那么所有痛的事例所共同具有的仅仅是它们都可被列入"痛"这一被如此功能定义的概念之下，除此之外别无其他共同之处。也就是说，痛之所以为痛仅仅是因为它们符合痛的定义，而不是因为它们都具有某种潜藏的本质，比如神经元 C 的激活或某种痛的主观感受。因此，存在的只是痛的概念——通过功能定义而给出的概念，而痛的性质——所有痛的事例共同具有的东西，并不存在。如果一个性质是真实存在的，那么其必然有着因果或律则统一性，然而，并没有这样的性质"痛"与概念"痛"对应，并且被所有痛的事例共有（人类的痛，爬行动物的痛，火星人的痛，等等）。概括地说，心理功能主义表达的是如下观点：心理类没有真实的本质，只有名义上的本质。[1]

所以，"功能性质概念主义"导致的结果是，心理性质仅仅是一个谓词，其不再独立于语言而存在，其不再是我们本体论的一部分。不少哲学家对金在权的这一处理方式进行了抨

---

[1] Jaegwon Kim, "Reduction and Reductive Explanation: Is One Possible Without the Other?", in Jakob Hohwy and Jesper Kallestrup, eds., *Being Reduced: New Essays on Reduction, Explanation, and Causation*, New York: Oxford University Press, 2008, p. 111.

击，认为金在权是在提倡关于心理性质的消去主义。例如，雅各布（Pierre Jacob）就说道："金在权极端地认为我们应该用高阶的功能概念来代替高阶性质。我认为这种看法等于是放弃了还原主义而拥抱消去主义。"① 面对质疑，金在权为自己辩护道：

> 我认为，一个心理谓词或概念是能够适用于它的物理实现者的。当我说"X 在时刻 t 是 M"这一命题的时候（其中"M"是一个心理谓词），其真值条件是"X 在时刻 t 是 P_1"这一事实（其中 P_1 作为一个物理性质是 M 的实现者之一），所以，该命题和任何其他事物一样"真实"。从哪里可以看出这是关于 M 和事实"X 在时刻 t 是 M"的消去主义呢？我绝不这样认为。②

可以看出，金在权之所以不觉得"功能性质概念主义"是关于心理性质的消去主义，是因为他认为，心理谓词总是能有所指，而包含心理谓词的命题也总是有真值条件。然而，"功能性质概念主义"能够挽救心理性质的因果效力吗？答案是否定的。"功能性质概念主义"能够保证的只不过是——有一些

---

① Pierre Jacob, "Some Problems for Reductive Physicalism", *Philosophy and Phenomenological Research*, Vol. 65, No. 3, Nov 2002, p. 653.

② Jaegwon Kim, "Responses", *Philosophy and Phenomenological Research*, Vol. 65, No. 3, Nov 2002, p. 678.

处在因果关系之中的事件能够用心理谓词进行描述，而并不能保证心理性质在这些因果关系中起到了实实在在的作用，因为一个实体具有因果效力的前提是它是真实存在的，然而，根据"功能性质概念主义"，心理性质并不是本体论中的一部分，所以心理性质并不能起到因果作用，使得心理事件具有因果效力的是物理性质，而非心理性质。

3. 殊型还原主义

"殊型还原主义"是金在权最后提出的一种理论：

> 如果 X 在时刻 t 例示了性质 M，那么 X 将在时刻 t 例示 M 的实现者之一，假设其是性质 Pk，我相信，M 的这一事例（即 X 在时刻 t 例示性质 M）和 M 在时刻 t 的实现性质 Pk 的例示这一事例是同一的，这应该是很难怀疑的，而这指明了一种殊型同一理论：M 的任何一个事例总是同一于 M 的实现者的事例。总的来说，如果心理性质能够被功能还原，那么心理性质的事例同一于它们的物理实现者的事例。这就是我的提议，我将之称为殊型还原主义。①

可用"痛"作为例子来说明"殊型还原主义"。假设张三

---

① Jaegwon Kim, "Reduction and Reductive Explanation: Is One Possible Without the Other?", in Jakob Hohwy and Jesper Kallestrup, eds., *Being Reduced: New Essays on Reduction, Explanation, and Causation*, New York: Oxford University Press, 2008, p. 106.

在时刻 T 例示了性质"痛",称之为事件 $E_{痛1}$,那么张三在时刻 T 必然例示性质"神经元 C 被激活",称之为事件 Ep_1,且 $E_{痛1} = Ep_1$。又假设某条章鱼在时刻 T 也例示了性质"痛",称之为事件 $E_{痛2}$,那么该章鱼在时刻 T 将例示性质"神经元 O 被激活",称之为事件 Ep_2,且 $E_{痛2} = Ep_2$。如果是外星人的情况,那么将会有事件 $E_{痛3} = Epx$,依此类推。然而,根据金在权的事件理论,这样的同一是不可能的,因为一个事件就是一个客体 O 在某一时刻 T 例示了某一性质 p,所以,两个事件要同一,二者的三个组成部分(O、T、p)必须都同一。从而,在上面的"痛"的例子中,如果 $E_{痛1} = Ep_1$ 要成立,那么性质"痛"要同一于"p_1",如果 $E_{痛2} = Ep_2$ 要成立,那么性质"痛"又要同一于"p_2",同样地,性质"痛"还要同一于"px"。然而,"p_1"显然不与"p_2"同一,"p_2"也不与"px"同一,这样的话,性质"痛"又如何能够与如此多不同的性质同一呢?除非性质"p_1""p_2"……"px"是同一的,而这显然是不可能的。所以,"殊型还原主义"要得以可能,金在权唯一的选择就是回到关于心理性质的概念主义,即认为心理性质只不过概念,并不实存,而这导致的结果就是,金在权虽然维护了心理事件的因果效力,但是没能"挽救"心理性质的因果效力。

　　金在权的"殊型还原主义"似乎"沦为"了他所批判的戴维森的"异态一元论"。戴维森认为不存在心理定律,即心理谓词无法出现在定律之中，而戴维森又认为原因与结果必须通过定律来联结，所以，心理事件处在因果关系之中就不是因为心理性质，而是因为物理性质，心理性质并未对心理事件的因果作用做出任何"贡献"。所以，戴维森的"异态一元论"虽然"挽救"了心理事件的因果效力，但是却没能"挽救"心理性质的因果效力，这正是金在权对戴维森的理论不满意的地方。金在权说道："戴维森的异态一元论在为心物因果的辩护上是失败的，因为在其关于心物因果的说明中，'心理的'并不是作为'心理的'本身而起到了任何实在的因果作用。"[1] 金在权认为如果一个理论"没能说明心理性质的因果有效性和相关性，那么它也就没能说明心理因果的可能性。"[2]

金在权不仅希望心理事件能够起到因果作用，而且希望心理事件是靠着心理性质而有了因果效力。然而，根据金在权的"殊型还原主义"，心理性质自身的同一性以及自身是否实存都成了问题，还谈何对心理事件的因果效力起到实质性的"帮助"呢？所以，金在权的"殊型还原主义"无意中将他自己变成了他所批判的"戴维森主义者"。

---

[1] Jaegwon Kim, *Supervenience and Mind: Selected Philosophical Essays*, Cambridge: Cambridge University Press, 1993, p. 106.

[2] Jaegwon Kim, *Philosophy of Mind*, Boulder: Westview Press, 2006, p. 189.

三 金在权对因果排斥问题的回应的失败

在说明心理性质的因果作用时，可能是为了方便的缘故，金在权经常使用的是有着比喻性质的"因果力"或"因果工作"等等，那么，在金在权的心目中，到底什么样的关系才算是"因果关系"呢？金在权曾认为，如果一个事件要成为另一个事件的原因，那么需要有一条定律将二者连接起来，即关于因果关系的律则理论[1]。但金在权后来抛弃了这一因果理论，原因在于："非因果性的律则性规律能够由更为基础的因果过程产生，就像医学上的症状之间的规律实际上是由底层的病理过程产生的一样。因此，关键的问题在于，心身规律要代表的不仅仅是规律，而且还要是因果规律。"[2] 所以在金在权看来，因果规律只是律则规律的一个子集，并不是所有的律则规律都是因果规律。金在权说道：

> 非还原物理主义者假定的 M 引起 M* 的情况非常类似于

---

[1] Jaegwon Kim, "Causes and Counterfactuals", *The Journal of Philosophy*, Vol. 70, No. 17, Oct 1973, p. 572.

[2] Jaegwon Kim, "Mental causation", in Brian McLaughlin and Ansgar Beckermann and Sven Walter, eds., *The Oxford Handbook of Philosophy of Mind*, Oxford: Oxford University Press, 2009, p. 45.

移动的汽车的影子之间的关系：汽车某时刻的影子与其下一时刻的影子之间并无因果关联，二者都是移动的汽车的结果。移动的汽车代表的是真正的因果过程，而其影子之间无论有着怎样的规律性和律则性，都不构成一个因果过程。因此，M 与 M*，以及 M 与 P* 之间所谓的因果关系仅仅是表象，是从真正的 P 到 P* 的因果过程派生出来的（其中 M 和 M* 代表的是心理性质，P 和 P* 代表的是物理性质）。①

在放弃律则因果理论之后，金在权提出了"生成性因果理论"（Productive Causation）。金在权说道："我希望读者通过实在的，包含能量和动量（或其他的物理量）转移的生成机制来理解因果关系，而不是仅仅通过反事实依赖性来理解。"② 根据金在权的"生成性因果理论"，原因与结果之间有着联结——靠物理量（一般认为是能量）来联结。然而，关于为何要接受生成性因果理论，金在权却未给出任何论证。在 1998 年的著作中③，金在权只字未提他究竟如何理解因果关系。直到 2002

---

① Jaegwon Kim, *Mind in a Physical World: An Essay on the Mind-Body Problem and Mental Causation*, Cambridge, USA: MIT Press, 1998, p. 45.
② Jaegwon Kim, *Physicalism, or Something Near Enough*, NJ: Princeton University Press, 2005, p. 47.
③ 参见：Jaegwon Kim, *Mind in a Physical World: An Essay on the Mind-Body Problem and Mental Causation*, Cambridge, USA: MIT Press, 1998。

年①，为了回应勒韦尔（Barry Loewer），金在权算是将"何为因果"这一问题搬上了台面。在 2005 年的著作中②，金在权也只是在脚注中讨论了因果问题，但是没有正面提供任何实质性的关于生成性因果理论的论证。及至 2009 年，金在权终于承认他接受的是生成性因果理论，却仍未为之进行辩护，除了声称生成性因果理论对于存在真正的主体能动者（Agent）是必要的。金在权写道："对于我来说，我们之所以关心心理因果主要在于我们关心人类能否成为主体能动者，显然主体能动者包含了生成性的因果概念。如果世界上确实没有生成性的因果关系，那么这将'夺去'主体能动者——这也是我们对心理因果的担心之所在。"③ 然而，为何成为主体能动者非得需要生成性的因果关系不可呢？金在权并未给予论证。

然而，就算金在权关于"因果关系包含能量和动量（或其他的物理量）转移"的论断是对的，本章的分析也已经表明，金在权关于心理因果何以可能的说明并不能站住脚，金在权的"随附因果理论""功能还原理论"（析取功能还原主义、功能性质概念主义、殊型还原主义）没有达到他想要达到的目

---

① 参见：Jaegwon Kim, "Responses", *Philosophy and Phenomenological Research*, Vol. 65, No. 3, Nov 2002。

② Jaegwon Kim, *Physicalism, or Something Near Enough*, NJ: Princeton University Press, 2005.

③ Jaegwon Kim, "Mental causation", in Brian McLaughlin and Ansgar Beckermann and Sven Walter, eds., *The Oxford Handbook of Philosophy of Mind*, Oxford: Oxford University Press, 2009, p. 44.

标——"挽救"心理性质的因果效力，也没能有效地回应"因果排斥问题"。本书认为，金在权之所以未能成功，原因就在于，他既否认心理性质与物理性质的同一性，又预设了实在的因果关系只存在于物理领域（微观物理领域）。

第 三 章

物理因果闭合性与能量守恒定律[①]

物理因果闭合性并不是一个先天为真的原则，因为一个物理事件的发生可以有着充足的非物理原因，也可能有赖于部分的非物理原因，这在逻辑上都是可能的。因此，物理因果闭合性原则之所以被广泛接受，是因为其被认为得到了相应的经验辩护，其中，能量守恒定律被视为最为重要的经验证据之一。虽然很多哲学家认为作为当代物理学基石的能量守恒定律明显地支持物理因果闭合性，但是鲜有人给出相关论证，似乎都认为从能量守恒定律推出物理因果闭合性原则是显而易见的，根本无须论证。在这些哲学家中，帕皮纽算是个例外。在进行论证时，帕皮纽提出，并不能从能量守恒定律直接地推出物理因果闭合性原则，如果要推衍成功，还需要一个前提——不存在非物理能量。

[①] 本章原载于《自然辩证法研究》2016 年第 6 期，内容略有修改。

然而本章认为，即使承认帕皮纽所说的这一前提为真，也无法从能量守恒定律推出物理因果闭合性原则，所以，帕皮纽的论证是不成功的。除此之外，本章还将"刻画"出另外几个论证，而这些论证有可能是认为能量守恒定律支持物理因果闭合性的人的心目中的论证。本章将通过分析指出，这些论证同样不是有效的关于物理因果闭合性的能量守恒论证。

如果如本章所示，能量守恒定律实际上并不足以支持物理因果闭合性，那么，物理因果闭合性原则的地位势必下降，而这将对当代心灵哲学和哲学本体论的讨论造成相当大的影响，因为物理因果闭合性原则被不少哲学家视为几乎不容质疑的教条性原则，并以之为前提进行了大量的讨论——包括关于心理因果性的讨论。

一 能量守恒定律与"闭合性"

能量守恒定律是至今已知的、自然界中最普遍、最重要的基本定律之一，最早由德国物理学家迈尔（Julius Robert Mayer）于1841年提出。能量守恒定律又名热力学第一定律，其广为人知的一种表述是"能量既不能自生也不能自灭"。作为现代物理学的基石之一，能量守恒定律几乎是神圣不可侵犯的，它揭示了自然科学各个分支之间惊人的普遍联系，是自然科学内在统一性的第一个伟大证据。马赫（Ernst Mach）说道：

"只要是有文明存在的地方,能量守恒定律都被视为是完全确定的真理,被认为适用于所有的自然科学领域。"①

相比于长度、重量等物理量,能量无法被直接观察到,并且具有多种形式,如动能、势能、电磁能等。在大自然发生的各式各样的过程中,能量从一种形式转化为另一种形式,从一个地方转移到另一个地方,周而复始。而纵观人类的技术史,我们已有的大量技术就是将一种形式的能量转化为另一种形式,例如蒸汽机、发电机等。大自然中的能量虽然可以在形式上发生转化,在空间上进行转移,但其总量却不变。能量守恒定律最一般的表述形式是:"对于一个与外界无任何联系的系统(称为孤立系统或封闭系统)来说,系统内各种形式的能量可以由一个物体传给另一个物体,也可以由一种形式转化为另一种形式,但整个系统内各种形式的能量总和保持不变。"②

在19世纪,质量和能量还被认为是本质上不同的,质量守恒定律和能量守恒定律也被视为两个不同的守恒定律。而到了20世纪,随着质能方程 $E = mc^2$ 的提出与核能的开发利用,人们逐渐抛弃了这一成见,正如爱因斯坦所说,质量就是能量,能量就是质量,而质量守恒定律和能量守恒定律也被物理学家合成了"质能守恒定律"。20世纪中后期,科学家又发现

---

① 引自 Barbara Montero, "What Dose the Conservation of Energy Have to Do With Physicalsim", *Dialectica*, Vol. 60, No. 3, 2006, p. 384。

② 王海婴:《大学基础物理学》,高等教育出版社2004年版,第61页。

了一系列支持宇宙处在膨胀之中的证据，例如所有星云都在彼此互相远离，为了解释宇宙的膨胀，科学家提出了"暗能量"一说，并认为其弥漫于宇宙的所有空间之中是宇宙膨胀的原因①。在所谓的标准宇宙论模型中，暗能量甚至占据总能量的73%。至于暗能量与人们已熟悉的各种能量形式之间有何区别与关联，目前还不得而知，虽然如此，能量守恒定律依然还是以其原先的表述形式被科学家坚守为一条不容置疑的自然律。

值得注意的是，要将能量守恒定律中的"封闭"概念和物理因果闭合性原则中的"闭合"概念区分开来。当我们说物理领域的因果关系是"闭合"的时候，是指物理事件的因果链条具有某种自足性。而能量守恒定律中的"封闭"系统指的是该系统既不作用于它之外的任何事物，也不受其之外的任何事物的作用。

二 关于物理因果闭合性的能量守恒论证

帕皮纽是依据能量守恒定律为物理因果闭合性的可靠性提供论证的少数哲学家之一，他意识到并不能从能量守恒定律直接推出物理因果闭合性，之所以如此，是因为能量守恒定律并

---

① P. J. Peebles and Bharat Ratra, "The Cosmological Constant and Dark Energy", *Reviews of Modern Physics*, Vol. 75, No. 2, April 2003, pp. 559–606.

未指出存在哪些形式的能量，而仅仅断言能量是守恒的①。所以，帕皮纽认为，假如存在一种心理能量的话，那么即使心理能量对物理世界造成了影响，能量守恒定律也不会遭到违背，因为所发生的只不过是能量的转移，能量的总量并没有变化。因此帕皮纽宣称，要从能量守恒定律导出物理因果闭合性，就得论证不存在非物理能量②。

关于为何不存在非物理能量，帕皮纽给出了一个归纳论证：

> 从19世纪晚期到20世纪，越来越多的科学家开始怀疑生命力和心理力③的存在。最重要的证据不是来自物理学，而是直接来源于生理学和分子生物学。在过去的150年里，关于生物系统的工作机制（包括大脑）我们已经获取了相当多的知识，没有任何迹象表明我们需要物理力之外的东西来对它们的运作进行解释。尤其是在20世纪，关于发生在细胞内部的过程的知识取得了爆炸性的增长，

---

① David Papineau, "The Rise of Physicalism", in Carl Gillett and Barry Loewer, eds., *Physicalism and Its Discontents*, Cambridge: Cambridge University Press, 2001, p. 26.

② Sophie Gibb, "Closure Principles and the Laws of the Conservation of Energy and Momentum", *Dialectica*, Vol. 64, No. 3, 2010, p. 367.

③ 虽然帕皮纽是用"力"而不是"能量"来进行讨论的，但是帕皮纽的论证也可以用来作为关于不存在非物理能量的论证，并且不会有任何不恰当，因为在经典物理学中，能量被定义为"某一个物理系统对其他的物理系统做功的能力"，而"功"又被定义为"力作用于某一物理系统一段距离"。所以，即使将这段文字中的"力"替换为"能量"，帕皮纽本人应该也不会有太大意见。

然而其中也没有任何证据表明有任何物理化学之外的东西存在，其结果就是当今绝大多数科学家否认生命力和心理力的存在，并接受物理领域的因果闭合性。[1]

所以，帕皮纽是从非物理能量存在的证据的缺乏与生理学、分子生物学在解释上取得的成功这两方面否定了非物理能量的存在。在他看来，如果能量是守恒的，并且不存在非物理能量，那么物理因果闭合性将可以随之而得出。可以将帕皮纽的想法提炼为如下论证：

论证一：

前提一　在任何一个封闭系统中，能量是守恒的。

前提二　世界是一个封闭系统[2]。

前提三　不存在非物理能量（心灵不具有能量）。

结论：心灵不能产生物理结果。

然而，经分析可发现该论证并不是一个演绎有效论证，因为存在这样一种可能性，那就是因果作用的发生不需要能量，如果因果作用不需要能量，那么即使心灵不具有能量，也不能

---

[1] David Papineau, "The Causal Closure of the Physical and Naturalism", in Brian McLaughlin and Ansgar Beckermann and Sven Walter, eds., *The Oxford Handbook of Philosophy of Mind*, Oxford: Oxford University Press, 2009, p. 57.

[2] 将世界看作一个整体，并将之视为一个封闭系统应该没有什么异议，并且，将"世界是一个封闭系统"作为论证的一个前提可为讨论带来方便，避免一些不必要的难题，比如，人脑和人的身体就不是封闭系统，而是典型的耗散结构系统，与外界存在能量、物质和信息交换。

否定心灵能够产生物理结果。所以，该论证要成为一个有效论证，必须假设因果作用和能量相关，并且能量在原因和结果之间发生转移。当然，关于因果作用是否一定包含能量转移是有争议的[①]。如果因果作用不包含能量转移，那么即使心灵产生了物理结果，心灵也没有向世界转移能量，世界中的能量仍然是守恒的，从而心灵和世界是否发生因果作用就与世界中的能量是否守恒不相关了，我们也就不用考察能量守恒定律是否支持物理因果闭合性了。所以，本文接下来将接受"因果作用包含能量转移"为真，并在此前提下来考察能量守恒定律与物理因果闭合性之间的关系，而关于"因果作用包含能量转移"这一论断的论证则不在本章的考察范围之内。如果将"因果作用包含能量转移"这一原则加到"论证一"之中，那么便有了如下论证：

论证二：

前提一　在任何一个封闭系统中，能量是守恒的。

前提二　世界是一个封闭系统。

前提三　不存在非物理能量（心灵不具有能量）。

[①] 坎贝尔（Keith Campbell）认为："关于物理主义的能量守恒论证是失败的，因为因果作用也可以通过改变能量分布而发生，而这不必提供任何新的能量。"（参见：Keith Campbell, *Body and Mind*, Notre Dame: Notre Dame Press, 1984, p. 52）

关于因果作用的能量转移理论，参见：Phil Dowe, *Physical Causation*, New York: Cambridge University Press, 2000. David Fair, "Causation and the Flow of Energe", *Erkenntnis*, No. 14, Nov 1979, pp. 219–250。

前提四　因果作用包含能量转移。

结论：心灵不能产生物理结果。

很明显，该论证是演绎有效的。但是经分析可发现，即使没有"前提一"和"前提二"，结论"心灵不能产生物理结果"照样可以得出。这样的话，能量守恒定律在该论证中就变得多余了，因为真正起作用的只有"前提三"和"前提四"，可将实际上起作用的论证表述如下：

论证三：

前提一　不存在非物理能量（心灵不具有能量）。

前提二　因果作用包含能量转移。

结论：心灵不能产生物理结果。

所以，经过上述分析可发现，从"能量守恒定律"和"不存在非物理能量"无法推出物理因果闭合性，推衍要成功，必须引入另一个原则——"因果作用包含能量转移"。因此，帕皮纽很可能是心中默认了该原则，这才使得他认为如果论证了不存在非物理能量，物理因果闭合性原则将唾手可得。但是，在引入"因果作用包含能量转移"之后，我们又发现"能量守恒定律"变得不起作用了，因为使得我们得出"物理因果闭合性"的并不是能量守恒定律，而是"因果作用包含能量转移"这一原则和"不存在非物理能量"这一所谓的经验命题。所以，如果采用帕皮纽的思路，我们根本无法从能量守恒定律导出物理因果闭合性。

以上三个论证都用了"不存在非物理能量"这一前提，但是能量守恒定律并未否定"非物理能量"的存在。帕皮纽是通过归纳论证来表明不存在非物理能量的，然而归纳论证是可能为错的，所以前提"不存在非物理能量"不一定为真。如果不采用帕皮纽的思路，即不使用"不存在非物理能量"这一可能为错的前提，我们能否从"能量守恒定律"和"因果作用包含能量转移"导出物理因果闭合性原则呢？如果抛弃"不存在非物理能量"，我们手头上的前提还有如下三个：

前提一　在任何一个封闭系统中，能量是守恒的。

前提二　世界是一个封闭系统。

前提三　因果作用包含能量转移。

这三个前提显然无法得出"心灵不能产生物理结果"的结论，要得出该结论，可能的办法是对能量守恒定律的适用范围进行调整。而且很有可能，在一些认为能量守恒定律支持物理因果闭合性的人的心目中，能量守恒定律实际上是已经调整过的[①]。一种可能的调整是将"封闭系统"调整为"封闭的物理系统"，调整后的论证为：

论证四：

前提一　在任何一个封闭的物理系统中，能量是守恒的。

---

① 例如，吉布（Sophie Gibb）在探讨能量守恒定律与物理因果闭合性之间关系时使用的就是已经调整过适用范围的能量守恒定律。（参见：Sophie Gibb, "Closure Principles and the Laws of the Conservation of Energy and Momentum", *Dialectica*, Vol. 64, No. 3, 2010, pp. 363－384）

前提二　世界是一个封闭的物理系统。

前提三　因果作用包含能量转移。

结论：心灵不能产生物理结果。

经分析可发现，在该论证中，即使去掉"前提一"和"前提三"，我们仍然可以得出心灵不能产生物理结果的结论，因为如果世界是一个封闭的物理系统，那就意味着世界中的任何存在物都是物理的，从而非物理的心灵也就不存在了，那么必然的，心灵不能产生物理结果。所以，如果认为能够从能量守恒定律推出物理因果闭合性的人的心目中的论证是"论证四"的话，那么他们实际上并没有进行论证，只不过是在直接地宣称物理主义，并由此而接受物理因果闭合性。因此，"论证四"也不是有效的关于物理因果闭合性的能量守恒论证，因为在该论证中，能量守恒定律没有起到任何作用。

另一种可能的被默认的调整是将能量守恒定律的适用范围调整为一个封闭系统中的物理成分。调整后的论证为：

论证五：

前提一　在任何一个封闭系统中，其物理成分的能量是守恒的。

前提二　世界是一个封闭系统。

前提三　因果作用包含能量转移。

结论：心灵不能产生物理结果。

该论证是一个演绎有效的论证，然而其中的"前提一"不再是物理学所说的能量守恒定律，因为能量守恒定律说的是封闭系统中的能量是守恒的，而不是封闭系统中的物理成分的能量是守恒的，所以，虽然"论证五"是有效的，但是在该论证中，起作用的是"前提一"，而非能量守恒定律。除非能量守恒定律实际上就是"前提一"，否则"论证五"照样不是关于物理因果闭合性的能量守恒论证。我们知道，能量守恒定律并未限定能量的形式，其只不过断言一个封闭系统中的能量总和不变，如果"前提一"就是能量守恒定律的话，那么另一个预设必须为真，即"世界中的能量都是物理能量"。如果世界中的能量都是物理能量，那么也就不存在心理能量了，从而心灵无法产生物理结果。然而这样一来，"论证五"中真正起作用的部分构成的论证实际上又成了"论证三"，而这使得能量守恒定律又未能发挥任何作用。因此，"论证五"同样不是有效的关于物理因果闭合性的能量守恒论证。

三　存在非物理能量吗？

能量守恒定律一般被视作关于世界的经验性描述，用之来论证物理因果闭合性的学者们也大抵如此认为，然而，通过考察能量守恒定律在科学中的实际使用情况，我们可以发现并非如此。在很多情况下，我们只有先假定一个系统的能量是守恒的，然后才能计算出该系统中各种形式的能量的数量值。而当某个系统的能量似乎不守恒时，我们也不会抛弃能量守恒定律，而是通过假定新的能量形式来维持它。在早些时候，被承认的能量只有动能，后来有了势能，再后来又有了内能、电磁能、核能等，能量的形式一直在增加。科学史告诉我们，能量守恒定律遭遇反常的时候往往是发现新能量的时候。例如，当沃尔夫冈·泡利（Wolfgang Pauli）发现能量守恒定律与β衰变实验的结果不符的时候，他并没有宣称能量守恒定律是错误的，而是通过设定一个辅助性的假说（中微子假说）对能量守恒定律进行了"保护"。虽然中微子直到20世纪50年代中期才被"发现"，但是能量守恒定律却在之前的20多年里靠着中微子假说得到了维护。正如彭加勒所言："以实验为根基的能之守恒原理，有如牛顿的原理，并且为着相似的理由，也不会被实验所否定了。这个原理也脱离了实验之攻击，而变成一种重复语。"① 也就是说，能量守恒定律在科学中更像是一个方法论原则。

通过考察科学史，可以发现能量的形式越来越多，那么，有没有可能在将来发现一种心理能量呢？上文提到，帕皮纽论证了不存在非物理能量，他的第一条理由是，我们并没有什么

---

① ［法］亨利·彭加勒：《科学与假设》，叶蕴理译，商务印书馆1989年版，第91页。

非物理能量存在的证据[①]，然而，关于某个事物存在的证据的缺乏并不能表明该事物不存在。例如，张三在白天并未发现证据表明屋内有老鼠，但是这并不能保证屋内没有老鼠，因为张三的证据仅限于白天，也许老鼠晚上就出现了。同样，物理学家、生理学家和分子生物学家不能因为缺乏关于非物理能量的证据就认为非物理能量不存在。帕皮纽的第二条理由则是生理学和分子生物学通过物理、化学的理论和方法成功地解释了大量的生命现象与心理现象。然而这一条理由也是成问题的，因为其忽视了大量的生理学和分子生物学所不能解释的现象。例如，假设张三接了他朋友李四的一个电话，电话里李四说道："帮我取一下快递。"然后张三便去帮李四取快递。关于张三的行为我们能给出的解释是：张三接完电话之后明白了李四的意思，心中形成了"我要帮李四取快递"这一意图，然后这一意图驱使张三做出了去取快递的行为。这是关于张三的行为的"常识心理学"（Folk Psychology）解释，即用人的信念、欲望、决定、选择等来解释人的行为。如果从某种物理主义的视角来看这一过程，那就是张三的耳朵接受了一系列声波之后，张三做出了一系列复杂的身体动作。对于这一过程，目前的生理学显然还无能为力。生理学也许能解释张三在听到一声巨响后吓

[①] 安德鲁·梅奈克（Andrew Melnyk）也表达了类似的观点："当前的物理学没有任何迹象表明当代的物理学家会期待在人的大脑里找到任何物理上异常的现象。"（参见：Andrew Melnyk, "Some Evidence for Physicalism", in Sven Walter and Heinz Dieter Heckmann, eds., *Physicalism and Mental Causation*, Exeter, UK: Imprint Academic, 2003, p.161。）

了一跳，但是对于"去取快递"这样的意向性行为，生理学仍然是鞭长莫及。所以，很多物理主义者过于急促地接受了一个其理由并不是他们想象中那么充分的原则——物理因果闭合性，而置我们的解释实践于不顾。正如伯奇（Tyler Burge）所言："物理主义的形而上学并不应该受到如此的礼遇，而人们的解释实践却被过分地冷遇。"[①] 因此，鉴于还存在大量生理学和分子生物学无法解释的现象，我们现在还不能确定地否认非物理能量的存在。综上，帕皮纽关于不存在非物理能量的归纳论证是不成功的。

帕皮纽是通过当前物理学来界定物理能量的，如此界定的话，"不存在非物理能量"将极可能为假，从而帕皮纽的论证思路将行不通，即"论证二"与"论证三"将因为失去一个前提而无法成为有效论证。那么能否通过将来的物理学来界定物理能量呢？也许将来的物理学的解释力能够确保"不存在非物理能量"为真，如果有了此前提，我们能够得到的论证就是"论证二"与"论证三"，但是二者又并不是关于物理因果闭合性的能量守恒论证。又或许将来的物理学将包含心理能量，这样一来，心理能量也成了物理能量，如果心灵具有物理能量，心灵还是非物理的吗？如果不是，那么物理因果闭合性将为真，然而，用未知的、将来的物理学来为物理因果闭合性原

---

① Tyler Burge, "Mind-Body Causation and Explanatory Practice", in John Heil and Alfred Mele, eds., *Mental Causation*, Oxford: Clarendon Press, 1993, p. 97.

则辩护显然是不能让人信服的。

四 能量守恒定律并不支持物理因果闭合性

关于能量守恒定律与物理因果闭合性的关系，丹尼特（Daniel Dennett）说道："能量守恒定律很明显是和二元论相违背的。自从笛卡尔开始，二元论与权威物理学之间的冲突就一直被不停地讨论，和权威物理学之间的冲突被广泛认为是二元论的无法避免的、致命的缺陷。"[1] 福多认为："非物理的东西如何能够引起物理的东西的发生而同时不违反质量、动量和能量守恒定律呢？"[2] 普特南则指出："如果身心交互作用论是真的，那么当人们因为决定和其他思想而做出行动时，某种守恒定律必被违反。"[3] 由此可见，在这些哲学家的心目中，如果接受能量守恒定律，那么就应该接受物理因果闭合性原则。

然而，上文的论证表明，要从能量守恒定律推出物理因果闭合性原则，要么需要引入其他原则，要么需要对能量守恒定

---

[1] Daniel Dennett, *Consciousness Explained*, Boston, MA: Little, Brown and Company, 1991, p. 35.

[2] 引自 Richard Warner and Tadeusz Szubka, eds., *The Mind-Body Problem*, Cambridge, MA: Blackwell, 1994, p. 25。

[3] Hilary Putnam, *The Threefold Cord: Mind, Body, and World*, New York: Columbia University Press, 1999, p. 79.

律的适用范围进行调整。当引入原则"不存在非物理能量"与"因果作用包含能量转移"之后，能量守恒定律在论证物理因果闭合性的过程中变得多余。而在对能量守恒定律的适用范围进行调整之后，在论证物理因果闭合性的过程中真正起作用的又不再是能量守恒定律本身。可见，众多哲学家关于能量守恒定律支持物理因果闭合性的直觉是过于想当然，经不起仔细推敲的，能量守恒定律实际上并不能支持物理因果闭合性。

如果实际上并无法从能量守恒定律推出物理因果闭合性，那么物理因果闭合性原则将失去一个最有力的支持者。在当代心灵哲学（特别是"心—物因果作用"问题）的很多讨论中，物理因果闭合性原则几乎被当作一个不受质疑的教条，并因此而引发出一系列难题，但现在看来，该原则的地位并没有那么坚固。而这带来的结果就是，我们有必要对所有已有的以物理因果闭合性原则为前提而展开的讨论及其得出的结论进行重新评判与审视。

第 四 章

物理因果闭合性与还原主义

物理因果闭合性原则一般被表述为:"如果一个物理事件的发生是有原因的,那么它一定具有充足的物理原因。"也有学者给出了其他形式的表述,例如,帕皮纽就将物理因果闭合性表述为:"所有物理结果,或所有物理结果的概率都由其之前的物理状态与物理学定律确定。"① 南希·卡特赖特(Nancy Cartwright)则将物理因果闭合性定义为"物理学的定律支配着自然世界中发生的每一件事情"②。可见,这两种定义方式突出了物理因果闭合性与物理学定律之间的关系。帕皮纽认为,物理因果闭合性又可以被称作"物理学的完备性"(The Completeness of Physics)。

---

① David Papineau, *Philosophical Naturalism*, Oxford: Blackwell, 1993, p. 16.
② Nancy Cartwright, "Natural laws and the closure of physics", in R. Y. Chiao and W. D. Phillips, and A. J. Leggett and M. L. Cohen and C. L. Harper, eds., *Visions of Discovery. New Light on Physics, Cosmology and Consciousness*, Cambridge: Cambridge University Press, 2010, pp. 612–623.

第四章 物理因果闭合性与还原主义 / 73

在帕皮纽看来，我们之所以要接受"物理因果闭合性"（或"物理学的完备性"），是因为 20 世纪中叶以来的经验科学足以表明物理因果闭合性的正确性。通过分析帕皮纽的相关论述，可以发现，帕皮纽实际上是通过"还原主义"来为物理因果闭合性辩护，然而，还原主义实际上并不能支持物理因果闭合性。

一 帕皮纽关于物理因果闭合性的经验论证

关于物理因果闭合性，帕皮纽给出了一个经验论证，并认为他的论证表明了"关于物理学的完备性（或'物理因果闭合性'）的一致认同并非流行一时的观念，而是对经验理论的发展的反映"[①]。"几乎没有为关于物理因果闭合性原则的怀疑留下任何空间。"[②]

帕皮纽的论证可以分为两部分，第一部分是关于非生命与非心理领域，第二部分则是关于生命领域与心理领域。在第一部分论证中，帕皮纽指出，"……所有表面上特殊的力都可以被还原为一小组基本的保存能量的物理力。宏观加速运动的原

[①] David Papineau, "The Rise of Physicalism", in Carl Gillett and Barry Loewer, eds., *Physicalism and Its Discontents*, Cambridge: Cambridge University Press, 2001, p. 32.

[②] David Papineau, *Thinking About Consciousness*, Oxford: Clarendon Press, 2004, p. 255.

因实际上都是由一小部分作用于整个自然的基本物理力构成的"[1]。在帕皮纽看来，支持这样的结论的证据从19世纪中叶就已经开始出现了[2]。然而，至于究竟是哪些特殊的力与基本的物理力，帕皮纽并未作清楚的说明。关于生命和心理领域，帕皮纽认为，20世纪以来经验科学的发展使得我们很难再相信存在着生命力（Vital Forces）和心理力（Mental Forces）。帕皮纽说道：

> 在20世纪的前半个世纪期间，酶的催化作用和它的蛋白质构成被发现了，基础的生物化学循环被揭示出来了，蛋白质的结构也已被分析，并最终发现了DNA。在同一时期，神经生理学研究描绘出了身体的神经网络并分析出了与神经活动相关的电机制。这些科学上的共同发展使得我们很难继续认为生物体内有着特殊力在运作。如果这些力存在的话，那么它们应该会呈现出它们存在的一些证据。然而除了揭示出熟悉的物理力的证据之外，细致的生理学研究没能揭示出任何关于其他力的证据。[3]

---

[1] David Papineau, "The Rise of Physicalism", in Carl Gillett and Barry Loewer, eds., *Physicalism and Its Discontents*, Cambridge: Cambridge University Press, 2001, p. 27.
[2] David Papineau, "The Rise of Physicalism", in Carl Gillett and Barry Loewer, eds., *Physicalism and Its Discontents*, Cambridge: Cambridge University Press, 2001, pp. 27–28.
[3] David Papineau, "The Rise of Physicalism", in Carl Gillett and Barry Loewer, eds., *Physicalism and Its Discontents*, Cambridge: Cambridge University Press, 2001, pp. 27–28.

第四章 物理因果闭合性与还原主义

在过去的 150 年里，关于生物系统的工作机制（包括大脑）我们已经获取了相当多的知识，没有任何迹象表明我们需要物理力之外的东西来对它们的运作进行解释。尤其是 20 世纪，关于发生在细胞内部的过程的知识取得了爆炸性的增长，然而其中也没有证据表明有任何非物理的东西存在。其结果就是当今绝大多数科学家否认生命力和心理力的存在，并接受物理领域的因果闭合性。[1]

在关于物理因果闭合性的论证中，帕皮纽使用的是"力"这一概念，例如"物理力""特殊的力"以及"生命力"和"心理力"，并认为所有领域的现象都可以通过一组基本的物理力来解释，从而任何表面上有着非物理原因的物理事件实际上都是基本物理力的结果，因此物理领域的因果作用是闭合的。然而，"因果作用"和"力"完全是两个概念，因果作用也许并不需要力的参与。所以，帕皮纽的论证显然预设了"因果作用需要力"这一前提条件。

然而，就算承认"因果作用需要力"这一前提，帕皮纽的论证本身也是成问题的。首先，帕皮纽认为，在非生命与非心理领域，物理学能够通过一些基本力解释越来越多的现象，所

---

[1] David Papineau, "The Causal Closure of the Physical and Naturalism", in Brian McLaughlin and Ansgar Beckermann and Sven Walter, eds., *The Oxford Handbook of Philosophy of Mind*, Oxford: Oxford University Press, 2009, p. 57.

以该领域不存在特殊的力。然而，即使是当代物理学（晚于帕皮纽当时的物理学）也还是有大量无法解释的现象。例如在化学领域，我们现在还需要假设大量的化学键来解释化学反应，而无法仅仅通过微观粒子之间的物理力来解释。所以，帕皮纽论证的证据的力度显然是不足的。同样地，帕皮纽关于生命和心理领域的论证也存在这样的问题。

通过分析帕皮纽关于物理因果闭合性的经验论证，可以发现，帕皮纽的论证其实是以"还原主义"为真为前提的。

二　还原主义

还原主义的思想可以追溯至古希腊的宇宙论，比如"一与多"的问题——在何种意义上世界以及关于世界的知识是"一"？在这一问题的导向之下，出现了泰勒斯的"万物源于水"、恩培多克勒的"四元素说"、德谟克利特的"原子论"、毕达哥拉斯的"数论"等等。近代科学诞生后，特别是随着牛顿力学的巨大成功，机械论世界观开始形成。根据机械论世界观，世间万事万物表面上虽然千差万别、错综复杂，实际上都如同由零部件构成的钟表，在力的作用下有序运行。在与机械论世界观对应的还原主义方法论的解析下，世界图景展现为前所未有的简单性，正如德国物理学家亥姆霍兹（Hermann von Helmholtz）所言："一旦把一切自然现象都化成简单的力，而且证明自然现象只能这样来简化，那么科学的任务就算完成了。"

在被誉为"科学的世纪"的19世纪，除了能量守恒定律、细胞学说、进化论这三大发现之外，物理学、化学、生物学、生理学、心理学等领域的重要科学成果层出不穷，然而，在这样的背景下，当时的理论界却出现大量的反启蒙主义观点，如泛灵论、神秘主义等，面对这一状况，恩斯特·马赫（Ernst Mach）一方面强调，应该将形而上学从科学中清除，另一方面则指出：

> 谁想把各门科学结合为一个整体，谁就必须寻找一种在科学领域内都能坚持的概念，如果我们将整个物质世界分解为一些要素，它们同时也是心理世界的要素，即一般称之为感觉的要素，而且更进一步将一切科学领域内同类要素的结合、联系和相互依存的关系当做科学的惟一的任务，那么，我们就有理由期待在这种概念的基础上形成一种统一的、一元的宇宙结构。[①]

进入20世纪之后，科学的发展呈现出下列趋势：科学的专业化不断增强，而这使得科学越来越难以被公众理解；在物

---

① ［奥］恩斯特·马赫：《感觉的分析》，洪谦、唐钺、梁志学译，商务印书馆1986年版，第240页。

理学、化学和生物学这样的相对成熟的科学领域，学科分化得越来越细，即便是同一科学门类的相邻学科之间的交流也变得越来越困难；19世纪末和20世纪初，社会科学（比如心理学、经济学、社会学等）与人文学科（比如历史学、语言学、人类学等）相继兴起，并取得了独立的学术地位，然而在本体论与方法论上，它们与自然科学之间似乎有着难以逾越的鸿沟。这样的科学发展状况引起了维也纳的一批聚集在逻辑经验主义旗号下的科学家与哲学家（这批人组成的学术团体被称为"维也纳学派"）的关注与思考。维也纳学派继承了马赫的部分思想（特别是马赫对形而上学的拒斥），吸收了弗雷格（Gottlob Frege）、罗素（Bertrand Russell）和维特根斯坦（Ludwig Wittgenstein）的现代逻辑与语言分析方法，并明确地将科学统一作为了自己的研究纲领和哲学信条。为了促进科学统一，他们甚至发起了一场统一科学运动。根据维也纳学派的观点——特别是他们的核心代表人物卡尔纳普（Rudolf Carnap），科学的统一即科学语言的统一，而科学语言的统一性就在于，如果一个概念是科学概念，那么其必须能够被还原为观察语言（如"硬""薄""大""小"等）的逻辑构造[①]。在卡尔纳普看来，观察语言是意义精确的，中立于理论的，而且有着主体

[①] Rudolf Carnap, "Logical Foundations of the Unity of Science", in Richard Boyd and Philip Gasper and J. D. Trout, eds., *The Philosophy of Science*, Cambridge, Massachusetts: The MIT Press, 1993, p. 399.

间性，所以，观察语言构成了科学的坚实基础。至于科学定律的统一，卡尔纳普并未给出明确的论述，但认为科学语言的统一为科学定律的统一提供了必要的逻辑基础。

受逻辑经验主义的影响，奥本海姆（Paul Oppenheim）与普特南（Hilary Putnam）在《科学统一作为一个工作假说》一文中根据当时已有的科学将世界由低到高分为六个层次，分别是基本粒子、原子、分子、细胞、多细胞生物、社会群体，并认为除了基本粒子这一层次之外，其他层次的实体都可以被完全地分解为低一层次的实体，随着科学的发展，关于每一层次都将会有相应的理论（由一组定律构成），而且高层次的理论能够解释的现象都将能被低层次的理论所解释，在这一意义上，高层次的理论就被还原为低层次的理论，再通过还原的传递，所有的理论最终都被还原为关于基本粒子的理论，从而科学获得了统一[①]。

作为逻辑经验主义的后期重要代表人物，内格尔（Ernest Nagel）在《科学的结构》一书中提出了科学定律的还原模型，根据这一模型，一条定律被还原为另一条定律即前者可从后者逻辑地导出。例如，在内格尔看来，在特定的条件下，牛顿力学是可以从爱因斯坦相对论逻辑地导出的，所以二者之间是还

[①] Paul Oppenheim and Hilary Putnam, "Unity Of Science As A Working Hypothesis", in Richard Boyd and Philip Gasper and J. D. Trout, eds., *The Philosophy of Science*, Cambridge, Massachusetts: The MIT Press, 1993, pp. 405–427.

原关系。内格尔还提出，如果两条定律中包含着不同的语词，那么则需要引入"桥接律"（Bridge Law）将两条定律中不同的语词连接起来。比如，内格尔认为，当引入了"桥接律"——"'温度'就是'分子平均动能'"——之后，波义耳—查尔斯定律就能够从统计力学定律逻辑地导出，所以二者之间也是还原关系。内格尔的科学定律还原模型既是他所提倡的科学解释模型，也是他眼中的科学发展模式和方向——所有的非基础性科学定律在桥接律的帮助下将能够由一组基础性的微观物理学定律逻辑地导出，而科学也由此而获得统一。

霍斯特（Steven Horst）提出，还原主义必须达到一定的强度，才能得出一些形而上学的结论，比如"物理主义"。在霍斯特看来，达到一定强度的还原必须是"毫无残留的"和"概念充分的"。所谓"毫无残留"，是指还原解释必须是全面的，即被解释的系统的每一方面都被解释了；所谓"概念充分"，则是指："如果通过 B 来解释 A 的解释是概念充分的，那么 B 的概念内容足以导出 A 而不需要任何额外的新概念。"[①]霍斯特将满足这两点要求的解释还原称为完全还原（Broad Reduction）。关于还原主义和物理主义的关系，霍斯特认为，是还原主义的貌似为真使得物理主义貌似为真，而不是反过来。霍斯特指出，如果不是因为还原的成功，我们根本没有理由接

---

① Steven Horst, *Beyond Reduction*, *Philosophy of Mind and Post-Reductionist Philosophy of Science*, New York: Oxford University Press, 2007, pp. 31 – 32.

受物理主义[1]。霍斯特的这一观点同样地适用于还原主义和物理因果闭合性之间的关系，即如果不是因为还原的成功，我们根本没有理由接受物理因果闭合性。

如果奥本海姆与普特南，以及内格尔所提倡的还原主义的科学统一思想为真，那么我们可以认为还原主义达到了霍斯特所说的"完全还原"，我们也有理由接受物理因果闭合性。然而，还原主义的科学统一可能吗？

三 纽拉特对还原主义的反驳

虽然是维也纳学派成员中最积极的科学统一倡导者，但是纽拉特却反对以还原论和基础主义为主旨的科学统一，并提出了百科全书主义的科学统一。

作为一名逻辑经验主义者，纽拉特也拒斥形而上学，并且是逻辑经验主义者中将拒斥形而上学这一原则贯彻得最为彻底和严格的一位。纽拉特甚至建立了一个禁用语词索引，在某文中，他回忆道："在大学期间，我开始做一个关于'禁用语词'的汇集"，"在经验主义的讨论中，我避免使用如下语词：'精神世界'、'真'、'意义'、'物自体'、'实在'、'存在'

---

[1] Steven Horst, *Beyond Reduction*, *Philosophy of Mind and Post-Reductionist Philosophy of Science*, New York: Oxford University Press, 2007, pp. 36–37.

等等"①。在纽拉特看来，传统的形而上学家总是试图"在科学的经验主义方法之外寻求另外的方法来进行更多的认知"②，而这种努力对于我们认识世界来说是徒劳的。此外，纽拉特还提出了一种更为积极的在科学中避免形而上学的方法，那就是在科学中使用一种共同的语言——物理主义语言。纽拉特所说的物理主义语言并非物理学的语言，而是关于处于时空中的事物和事件的观察语言。纽拉特通过提倡在科学中使用物理主义语言为科学提出了一个规则，即所有的事物、自然事件、心理事件以及社会事件都应该仅仅从时间和空间这两方面来进行描述③。可以将纽拉特关于在科学中使用物理主义语言的观点概括为："科学中的所有陈述都可以转换为这样的陈述，那就是仅仅包含指称处于时空中的殊相的语词的陈述。"④ 所以在纽拉特看来，科学陈述实际上表达的是一种时空序列，而时空序列是任何人都可以理解的，纽拉特从而断言："在科学上不存在

---

① Otto Neurath, "Universal Jargon and Terminology", *Proceedings of the Aristotelian Society*, New Series, Vol. 41, 1940 – 1941, pp. 132 – 133.

② Jan Sebestik, "Otto Neurath's Epistemology and Its Paradoxes", in John Symons and Olga Pombo and Juan Manuel Torres, eds., *Otto Neurath and the Unity of Science*, *Logic*, *Epistemology*, *and the Unity of Science*, Dordrecht, The Netherlands: Springer Science + Business Media B. V, 2011, p. 52.

③ Jan Sebestik, "Otto Neurath's Epistemology and Its Paradoxes", in John Symons and Olga Pombo and Juan Manuel Torres, eds., *Otto Neurath and the Unity of Science*, *Logic*, *Epistemology*, *and the Unity of Science*, Dordrecht, The Netherlands: Springer Science + Business Media B. V, 2011, p. 52.

④ John O'Neill, "Unified Science as Political Philosophy: Positivism, Pluralism and Liberalism", *Studies in History and Philosophy of Science*, No. 34, 2003, p. 579.

'深度'，处处有表面。"① 纽拉特还专门发明了一种图形文字（Isotype），试图通过它来将难懂的信息通过空间形式表达出来②，并希望他的图形文字能够成为一种世界语，成为在不同语言之间传递科学信息的媒介，并认为理解这种语言不需要任何特殊的科学背景③。当时的主流观点认为，自然科学的对象是物理世界，社会科学的对象是精神世界，而这是纽拉特极力反对的。在纽拉特眼里，"物质""灵魂""精神世界"这样的字眼都是形而上学的，关于灵魂、意识的描述应该被转换为关于神经生理过程、可观察的肢体和言语行为的描述④。至于人类社会，纽拉特认为我们应该以研究星体一样的方式来对之进行研究，即给出某种时空次序的描述⑤。所以，对于纽拉特来

---

① ［奥］奥托·纽拉特：《科学的世界观：维也纳小组》，王玉北译，《哲学译丛》1994 年第 1 期。

② Olga Pombo, "Neurath and the Encyclopaedic Project of Unity of Science", in John Symons and Olga Pombo and Juan Manuel Torres, eds., *Otto Neurath and the Unity of Science, Logic, Epistemology, and the Unity of Science*, Dordrecht, The Netherlands: Springer Science + Business Media B. V, 2011, p. 59.

③ Olga Pombo and John Symons and Juan Manuel Torres, "Neurath and the Unity of Science: an Introduction", in John Symons and Olga Pombo and Juan Manuel Torres, eds., *Otto Neurath and the Unity of Science, Logic, Epistemology, and the Unity of Science*, Dordrecht, The Netherlands: Springer Science + Business Media B. V, 2011, p. 2.

④ Jan Sebestik, "Otto Neurath's Epistemology and Its Paradoxes", in John Symons and Olga Pombo and Juan Manuel Torres, eds., *Otto Neurath and the Unity of Science, Logic, Epistemology, and the Unity of Science*, Dordrecht, The Netherlands: Springer Science + Business Media B. V, 2011, p. 50.

⑤ Jan Sebestik, "Otto Neurath's Epistemology and Its Paradoxes", in John Symons and Olga Pombo and Juan Manuel Torres, eds., *Otto Neurath and the Unity of Science, Logic, Epistemology, and the Unity of Science*, Dordrecht, The Netherlands: Springer Science + Business Media B. V, 2011, p. 49.

说，根本不存在自然科学和社会科学的截然二分。通过清除掉科学中的形而上学，并在科学中使用共同的物理主义语言，纽拉特认为不同科学发生关联得以可能，因为所有科学陈述所表达的都是某种时空序列。

虽然是维也纳学派的一员，但是纽拉特的科学统一思想和卡尔纳普以及受到维也纳学派深刻影响的奥本海姆和普特南、内格尔等人有着极大的差别。尽管卡尔纳普、奥本海姆和普特南、内格尔的科学统一思想存在差异，但是可以将之都定调为还原论的、基础主义的。与之相对，纽拉特的科学统一思想则是反还原论和反基础主义的。首先，纽拉特认为"所有的科学陈述，包括用来进行确证的观察陈述都是在约定的基础上进行选择的，并且在原则上能够进行变更"[①]。因而不具有卡尔纳普的事物语言的基础地位。再者，纽拉特认为我们无法将意义模糊的语词从观察语言中清除掉。纽拉特说道："我们总是从历史的、自然的语言开始，它是混合的，是各种形式的表达（意义精确的和不精确的）的混合物，例如'尖叫的锯子切割蓝色的立方体木块'。"[②] 其中，"立方体"意义精确，而"木块"则不那么精确。另外，纽拉特不认为存在完全中立于理论的观

---

① 引自 Jordi Cat, "Otto Neurath", in *Stanford Encyclopedia of Philosophy*, http://plato.stanford.edu/entries/neurath/, 2010。

② 引自 Nancy Cartwright and Jordi Cat and Lola Fleck and Thomas E. Uebel, *Otto Neurath: Philosophy between Science and Politics*, New York: Cambridge University Press, 1996, p. 195。

察语言，因为"已经持有某一个大致的理论对于提出一个关于记录的问题来说是必要的"[1]，所有的观察与实验都是有理论渗透的，因而，卡尔纳普的观察语言只能是一种存在于幻想之中的理想语言。因此，纽拉特否定了科学能以卡尔纳普所说的方式获得统一。经分析可以发现，奥本海姆和普特南，以及内格尔的科学统一思想其实暗含了一种形而上学倾向——关于世界的物理主义[2]，即世界的微观物理性质决定了世界的其他所有方面，而这也使得科学解释的方向应该是单向的，即任何科学解释最终都要深入到微观物理这一层面。然而，纽拉特并不这样认为，世界在纽拉特眼中是极度复杂的。纽拉特说道："天文学家将植物和动物视为只不过是受万有引力作用的物质是不是过于草率了呢？我们为什么不能想象地球在运动中的某些偏离现象和地球表面的生物数量以及某种'生命射线'之间有着关联呢？"[3] 如果持关于世界的形而上学的物理主义，那么"生物数量"和"生命射线"不可能在所有的物理作用之外对这个世界产生额外的作用。然而，在上述文字中，纽拉特并不

---

[1] 引自 Jan Sebestik, "Otto Neurath's Epistemology and Its Paradoxes", in John Symons and Olga Pombo and Juan Manuel Torres, eds., *Otto Neurath and the Unity of Science*, *Logic*, *Epistemology*, *and the Unity of Science*, Dordrecht, The Netherlands: Springer Science + Business Media B. V, 2011, p. 43。

[2] 要将这里作为形而上学的物理主义与纽拉特的"物理主义语言中"的物理主义区分开来，纽拉特的物理主义是一种关于科学语言的规则，而非形而上学理论。

[3] 引自 George A. Reisch, "How Postmodern Was Neurath's Idea of Unity of Science?", *Studies in History and Philosophy of Science*, Vol. 28, No3, 1997, p. 447。

认为这样的额外作用是不可能的，所以由此可以推断纽拉特并不支持关于世界的形而上学的物理主义。纽拉特认为科学描述、解释的方向应该是多向的，纽拉特感叹道："我们面对的现象是如此的错综复杂，以至于它们无法被一维的陈述链条所描述。"[1] 如果世界无法仅仅从微观物理层面进行描述，那么奥本海姆和普特南，以及内格尔的理论还原是不可能的。另外，奥本海姆和普特南，以及内格尔的科学统一思想还预设了认识论的基础主义，即认为微观物理命题在认识论上有着基础地位，其他的科学命题要通过被还原为微观物理命题来获得确证。然而，在纽拉特看来，"所有的陈述都处在同一平面上"[2]，没有一门科学的陈述较之另一门科学的陈述在认识论上更为基础，即使是"观察命题也无法摆脱被抛弃的命运，没有任何命题可以享有卡尔纳普赋予观察命题的不可错性"[3]。对于纽拉特来说，"陈述只能和陈述进行比较，而不能和'实在'进行比较[4]。陈述的'真'完全取决于它与其它被接受的陈述是否一

---

[1] 引自 George A. Reisch, "Planning Science: Otto Neurath and the International Encyclopedia of Unified Science", *The British Society for the History of Science*, Vol. 27, No. 2, Jun 1994, p. 165。

[2] Otto Neurath, "The Departmentalization of Unified Science", *Erkenntnis*, No. 7, Jan 1937, p. 246.

[3] 引自 Donald Gillies, *Philosophy of Science in the Twentieth Century*, Oxford, UK: Blackwell Publishers, 1993, p. 123。

[4] 引自 George A. Reisch, "Planning Science: Otto Neurath and the International Encyclopedia of Unified Science", *The British Society for the History of Science*, Vol. 27, No. 2, Jun 1994, p. 165。

致，我们无法在语言之外对陈述进行评估，我们的知识没有认识论上的基础"[1]。所以，被奥本海姆和普特南，以及内格尔视为基础的微观物理命题是可能为错的，既然如此，那么再谈论其他科学理论能否被还原为微观物理理论似乎就不那么有意义了。因此，纽拉特认为，以还原论、基础主义为主旨的科学统一是不合理的。

"科学的世界观服务于生活，而生活接受了它。"[2] 这是纽拉特的一句名言。单门科学固然能为我们带来实际的效用，而统一的科学必将更胜一筹，纽拉特提倡科学统一根本上是出于实际的目的[3]。由于拒斥形而上学，纽拉特认为先验地给出一个科学统一的模式是无意义的，正如他所言："在对科学进行分析时，如果从预测和控制出发，那么我们将能避免各式各样的伪问题，关于科学界限的界定也因此而变得不那么容易。在做预测时，我们不可能仅仅依赖于某一门科学，例如关于星球或是石头、植物、动物的学科，将不同出处的陈述结合在一起

---

[1] George A. Reisch, "Planning Science: Otto Neurath and the International Encyclopedia of Unified Science", *The British Society for the History of Science*, Vol. 27, No. 2, Jun 1994, p. 165.

[2] ［奥］奥托·纽拉特：《科学的世界观：维也纳小组》，王玉北译，《哲学译丛》1994 年第 1 期。

[3] Angela Potochnik, "A Neurathian Conception of the Unity of Science", *Erkenn*, Vol. 74, July 2011, p. 306.

总是必要的。"[1] 也就是说，纽拉特认为科学统一应该在科学被运用于解决具体问题的过程中来实现。纽拉特通过举例说明了在预测时将不同科学结合在一起的必要性，"例如，地球上某一处的森林是否会被烧毁既依赖于天气又依赖于人类的干预是否发生。只有当我们知道人的行为的定律时，才能预测干预是否发生。也就是说，在某些情况下，将各种各样的定律相互联结在一起必须是可能的。因此所有的定律，无论是化学的，气候学的，还是社会学的，必须被视为一个系统——统一科学的部分"[2]。而不同科学被联结在一起进行预测之所以可能是因为所有科学使用着共同的物理主义语言，不同科学的定律一起构成了"表达时空连接的定律'组织'"[3]。纽拉特将还原论的、基础主义的科学统一称为"金字塔主义"（Pyramidism），而将他自己的科学统一称为"百科全书主义"（Encyclopedism）。纽拉特的百科全书主义不是关于科学该如何统一的明确的论断，而是关于科学统一的一种态度——开放的、反教条主义

---

[1] Otto Neurath, "Individual Sciences, Unified Science, Pseudo-rationalism", in Robert S. Cohen and Marie Neurath, eds., *Philosophical Papers* 1913 – 1946, *Volume* 16 *Of Vienna Circle Collection*, Dordrecht: D. Reidel Publishing Company, 1936, p. 132.

[2] 引自 Jordi Cat, "Otto Neurath", in *Stanford Encyclopedia of Philosophy*, http://plato.stanford.edu/entries/neurath/, 2010。

[3] 引自 George A. Reisch, "Planning Science: Otto Neurath and the International Encyclopedia of Unified Science", *The British Society for the History of Science*, Vol. 27, No. 2, Jun 1994, p. 157。

的、合作的态度①。第一，开放的态度指的是我们不应该用某种哲学原则来限定科学统一的形式，纽拉特强调"不是以先验的和独立的哲学为基础来将不同的科学综合在一起，而是科学自身提供它们的粘合剂"②。我们无法预测科学统一的具体形式，统一科学是一个不断的系统化的过程，没有一个明确的结果③。而这也是纽拉特关于科学统一的论述总是显得模糊的原因，例如，纽拉特认为统一科学包括"填充科学之间的鸿沟"，"建立科学之间的桥梁"，"让科学契合"，等等④。第二，反教条主义的态度指的是没有哪一个科学陈述或者哲学命题是不可抛弃的，任何观念都不能成为教条，任何命题都不享有独特的地位。对于纽拉特来说，重要的是科学的实用性，追求认识上的确定性只会导致形而上的迷梦⑤。第三，合作的态度指的是统一科学是一项集体事业，需要各个领域的科学家共同进行，甚至需要普通大众的参与。纽拉特认为"应该将不同领域、不

---

① Olga Pombo, "Neurath and the Encyclopaedic Project of Unity of Science", in John Symons and Olga Pombo and Juan Manuel Torres, eds., *Otto Neurath and the Unity of Science, Logic, Epistemology, and the Unity of Science*, Dordrecht, The Netherlands: Springer Science + Business Media B. V, 2011, p. 60.

② Otto Neurath, "Unified Science and Its Encyclopaedia", *Philosophy of Science*, Vol. 4, No. 2, Apr 1937, p. 265.

③ Angela Potochnik, "A Neurathian Conception of the Unity of Science", *Erkenn*, Vol. 74, July 2011, p. 307.

④ George A. Reisch, "How Postmodern Was Neurath's Idea of Unity of Science?", *Studies in History and Philosophy of Science*, Vol. 28, No3, 1997, p. 444.

⑤ George A. Reisch, "How Postmodern Was Neurath's Idea of Unity of Science?", *Studies in History and Philosophy of Science*, Vol. 28, No3, 1997, p. 441.

同国家的科学家,以及对科学有兴趣或希望科学能够帮助改善个人和社会生活的人联合起来"[1]。此外,纽拉特认为社会也应该做出实际的行动,通过建立制度和机构等来促进不同科学之间的交流与合作[2]。纽拉特本人就倾注了大量的精力致力于这样的社会活动,除了前文提到的世界统一科学大会,国际统一科学百科全书等,纽拉特还创办了杂志,建立了社会经济博物馆和教育机构等。纽拉特认为"科学是社会的模型和资源,反过来,社会又是科学的模型和资源"[3]。关于科学,纽拉特有一个著名的比喻,认为"我们就像不得不在辽阔的大海上重建他们船只的水手一样,永远不可能将它停在码头上进行拆卸并用最好的材料来对之进行重建"[4]。这一比喻很好地表现了纽拉特的百科全书主义。因为科学是开放的,永远处在没有确定形式的系统化的过程之中,所以科学就像船只一样无法停靠码头,一直航行在大海之中。又因为科学是反教条主义的,任何命题都可以被抛

---

[1] 引自 Olga Pombo, "Neurath and the Encyclopaedic Project of Unity of Science", in John Symons and Olga Pombo and Juan Manuel Torres, eds., *Otto Neurath and the Unity of Science, Logic, Epistemology, and the Unity of Science*, Dordrecht, The Netherlands: Springer Science + Business Media B. V, 2011, p. 60。

[2] Olga Pombo, "Neurath and the Encyclopaedic Project of Unity of Science", in John Symons and Olga Pombo and Juan Manuel Torres, eds., *Otto Neurath and the Unity of Science, Logic, Epistemology, and the Unity of Science*, Dordrecht, The Netherlands: Springer Science + Business Media B. V, 2011, p. 60.

[3] 引自 Jordi Cat, "Otto Neurath", in *Stanford Encyclopedia of Philosophy*, http://plato.stanford.edu/entries/neurath/, 2010。

[4] 引自 Nancy Cartwright and Jordi Cat and Lola Fleck and Thomas E. Uebel, *Otto Neurath: Philosophy between Science and Politics*, New York: Cambridge University Press, 1996, p. 89。

弃，所以无法总是采用最理想的材料来建造科学之舟。

四 非还原主义的兴起

还原主义在20世纪上半叶盛行一时，在中叶达致巅峰。然而，从20世纪50年代开始，还原主义开始遭受理论上的质疑。

汉森（N. R. Hansen）提出的"观察渗透理论"（Theory Ladenness of Observation）表明，任何观察命题都渗透着理论内容，所以，中立于理论的、意义精确的基础性观察命题并不存在，此外，奎因（Willard Van Orman Quine）对经验论的"两个教条"进行了批判，这些都对卡尔纳普的还原思想给予了沉重打击。

内格尔的还原模型也面临着理论上的诘难。首先，库恩（Thomas Kuhn）提出的"不可通约性"（Incommensurability）使得同一层次的定律还原（不需要"桥接律"的还原）难以实现。例如，根据库恩的观点，牛顿力学中的"质量"是物体的内在属性，与物体的速度无关，而爱因斯坦相对论中的"质量"则是与物体的运动速度相关的，所以牛顿力学中的"质量"与爱因斯坦相对论中的"质量"实际上是两个不同的概念，二者是不可通约性的，从而，牛顿力学与爱因斯坦相对论并不能形成还原关系。另外，不同层次的定律之间的还原所需的"桥接律"难以获得。比如，罗森伯格（Alexander Rosenberg）认为，自然选择选出来的是"功能"，而不是"结构"，所以，孟德尔遗传学中的有着特定功能的"基因"与分子遗传学中的"分子结构之间"的对应关系往往极度复杂，而这样的对应关系构不成内格尔还原模型所需的"桥接律"[①]。还有，普特南和福多提出的高层次性质的"多重可实现性"（Multiple Realizability）也使得"桥接律"的存在受到质疑。此外，生物学、社会科学等领域中科学定律的缺乏；生命现象中的整体性、反馈作用、目的性、组织性、等级结构、动态相互作用等；社会科学理论的价值负荷；科学解释的语用学路径的提出，都成为内格尔的还原模型的理论困境。

除了上述学理上的困境之外，还原主义在科学实践中所取得的成功也是不足的，科学似乎并未朝着还原主义的方向发展，反倒是特殊科学（物理学之外的科学）发展得如火如荼，成为科学的重要组成部分。

比如，力学是逻辑经验主义进行逻辑重构的重要对象，在这一领域逻辑经验主义也取得了一定的成功。然而，逻辑经验主义却错误地将力学视作所有科学的典范，正如图尔敏（Stephen Toulmin）所言：

在力学中，也仅仅在力学中，物理科学的内容可以被

[①] William Bechtel and Andrew Hamilton, "Reduction, Integration, and the Unity of Science: Natural, Behavioral, and Social Sciences and the Humanities", in Theo A. F. Kuipers ed., *General Philosophy of Science: Focal Issues*, Elsevier B. V. Press, 2007, p. 395.

阐述为单一的数学演算……将理论力学视作其它科学分支的典范，要求其它科学能以同样的方式被阐释，并获得同样的逻辑融贯性的诱惑似乎是难以抗拒的。然而，正是力学形式上的完美性排除了其作为自然科学典范的合理性，并阻止我们将其"逻辑结构"普遍地运用于自然科学。我们需要意识到的是，力学是如此独特的一门科学。[1]

萨普（Patrick Suppes）作为一名亲身从事了大量科学理论公理化工作的哲学家也表达了类似的观点，认为科学重构在科学中的某些领域（力学领域）是可能的，但是其绝不是所有科学的规范[2]。图尔敏和萨普虽然不认同其他的科学理论能够被逻辑重构，但至少认为力学还是可以的。而另外一些学者，如内尔塞西安（Nancy Nersessian）和特朗普勒（Maria Trumpler）则认为，由于逻辑重构后的理论无法完全地表达出原有理论的内涵，所以逻辑重构后的理论已不再是原来的理论了，如果被纳入还原关系的理论已经不再是原来的理论，那么我们也就不能认为理论还原真的实现了[3]。

---

[1] 引自 Frederick Suppe ed., *The Structure of Scientific Theories*, Urbana: University of Illinois Press, 1974, p. 610。

[2] Steven Horst, *Beyond Reduction*, *Philosophy of Mind and Post-Reductionist Philosophy of Science*, New York: Oxford University Press, 2007, p. 49.

[3] Steven Horst, *Beyond Reduction*, *Philosophy of Mind and Post-Reductionist Philosophy of Science*, New York: Oxford University Press, 2007, pp. 49–50.

在一些学者看来,甚至那些所谓的理论还原的经典范例实际上也不是成功的还原。正如西尔伯斯坦(Michael Silberstein)在《布莱克威尔科学哲学指南》(Blackwell Companion to Philosophy of Science)中所言:"聚焦于实际的科学实践,我们将发现,要么真的没有多少成功的认识论(理论间的)还原的事例,要么是大多数关于还原的哲学说明与科学中还原的实际运作方式之间没什么相关性。大多数从事科学工作的科学家应该会认同后一种主张。"[1]

西尔伯斯坦说得没错,即使是科学哲学中可能被引用得最多的一个所谓成功的还原事例——理想气体定律被还原为分子动力学——也是成问题的。在《科学的结构》一书中,内格尔非常细致地处理了从理想气体定律到分子动力学的还原,虽然处理手法堪称经典,但我们不应该忽略内格尔在还原过程中所说的一句话,即"该还原要成功,另一个假定必须被引入,即每一个气体分子占据容器中的某一位置或任何一个位置的概率是一样的,并且每一个分子占据某一位置的概率独立于其他分子对该位置的占据"[2]。如果需要引入一个看上去这么不合理的假设,那么很难明白内格尔为什么还会认为该还原是一个成功

---

[1] Michael Silberstein, "Reduction, Emergence and Explanation", in Peter Machamer and Michael Silberstein eds., *The Blackwell Guide to the Philosophy of Science*, Malden, MA: Blackwell, 2002, p. 94.

[2] Ernest Nagel, *The Structure of Science*, New York: Harcourt, Brace and World, 1961, p. 344.

的还原。加芬克尔（Alan Garfinkel）就严厉地指出内格尔的这一辅助假设是错误的，因为其与另外两个原理——能量守恒定律与速率分布理论——不相容。加芬克尔说道：

> 这些独立假设的失败告诉我们，我们并无真正地从独立个体的简单集合得出整体性性质的情况。根据牛顿力学，气体确实是由本质上是微小刚性微粒的气体分子构成。但是，理想气体定律所赋予气体的性质并不能简单地从单个气体分子的这种本质产生。我们必须强加给气体分子系统一种集体性的可能性，而这种可能性不可能从单个的气体分子所具有的本质产生。[①]

如果从理想气体定律到分子动力学的还原都是成问题的，那么更何况其他的从宏观物理领域到微观物理领域的还原。

还有，生物学中所谓的还原也是成问题的。在发现 DNA 的双螺旋分子结构之后，生命科学趋向于将分子生物学视为最重要的研究层次，并开始忽视进化的历史进程以及生物与环境之间的生态关系。分子生物学似乎为我们提供了研究遗传和发育的底层物理机制的机会。经典的生物学，至少是经典遗传学被广泛认为能够被还原为分子生物学。然而，将分子生物学与

[①] Alan Garfinkel, "Reductionism", in Richard Boyd and Philip Gaspar and J. D. Trout, eds., *The Philosophy of Science*, Cambridge, MA: MIT Press, 1981, pp. 456 – 457.

经典遗传学、进化生物学之间的关系视为还原关系是错误的。首先，虽然基因在生物的发展过程中是决定生物表型性状（Phenotypic Traits）的因素之一，但是基因绝不完全决定这些表型性状。每一个性状都是基因遗传与生物发展过程中环境对生物的作用的共同产物，也就是说表型性状是可塑造的。其次，进化论与发展生物学都需要我们历史性地看待生物体，并将生物体视为向环境开放的系统。进化论与发展生物学的核心概念之一"适应性"本质上是关系性的，因为一个生物体的适应性由该生物体的特性与其环境共同决定，一个性状可能在一个环境中是适应的，但是在另一个环境中却是不适应的，甚至是致命的。"适应性"是我们对某一个进化而来的性状进行历史性说明时——说明为何某一生物会具有某一性状——必须用到的概念。分子生物学显然不能解释某一生物为什么具有这样的基因，要回答该问题，还得通过历史性的说明，而历史性的说明往往是通过整体来解释部分，即通过生物体与生物体曾经生活过的环境来解释为何生物体现在会拥有某一特定基因。

另外，如果一个解释是通过高层次的性质来解释低层次的性质，那么该解释被称为下行解释（Downward Explanation），显然，这和还原解释是对立的，而在生物学（特别是进化生物学）中，下行解释十分常见。下行解释的情况最早出现在进化生物学中，随后在其他学科也开始出现，例如，关于生物新陈代谢的生物化学，神经科学等①。早在 1974 年，坎贝尔（Donald Campbell）就说道："如果某一较高层次的组织是自然选择的结果，那么该层次的定律将会部分地决定低层次的实体的运动与事件的发生。某一层次的现象无法被低层次的语词完全地描述，关于低层次的现象的描述和解释往往需要用到关于高层次的组织的定律。"② 范·久利克（Robert Van Gulick）则认为："生物的某一个物理构成部分也许能够具有多种因果能力，在不同的环境下其不同的因果能力被激活，其所在的大环境对其因果能力有着影响。因为整体至少会部分地决定其部分究竟发挥什么样的作用，所以整体并不是其部分的简单相加。"③

目前，关于人的行为，我们主要是通过人的心理状态来解释，而非通过人的脑神经状态。例如，张三今天出门的时候带了一把伞，关于张三的这一行为，我们能够给出的解释是"张三担心今天会下雨"，而非"张三的大脑处于某一状态"。同样地，关于张三的其他行为，我们也是通过他的某一心理状态或某些心理状态来解释。就目前的脑神经科学的发展水平来

---

① Steven Horst, *Beyond Reduction*, *Philosophy of Mind and Post-Reductionist Philosophy of Science*, New York: Oxford University Press, 2007, pp. 51 - 53.

② Donald Campbell, "'Downward Causation' in Hierarchically Organised Biological Systems", in Francisco Ayala and Theodorius Dobzhansky, eds., *Studies in the Philosophy of Biology*, Berkeley and Los Angeles: University of California Press, 1974, p. 180.

③ Robert Van Gulick, "Who's in Charge Here? And Who's Doing All the Work?", in John Heil and Alfred Mele, eds., *Mental Causation*, New York, US: Oxford University Press, 1993, p. 251.

说，我们还难以通过人的脑神经状态来解释人的行为。即使脑神经科学已经足够发达，其能否解释人的行为仍然是值得怀疑的，因为人的行为模式会受到社会、文化的塑造。因此，在解释人的行为时，我们是诉诸高层次的心理状态，而非低层次的物理状态，这也是所谓的"下行解释"。

综上所述，不仅还原解释在现实的科学实践中成功的例子非常之少，而且科学中还出现了与之对立的解释形式——下行解释。因此，如果物理因果闭合性原则的经验证据是还原解释的成功的话，那么其经验证据实在是太不充分了。

可能是受了还原解释在科学实践中并不怎么成功之现实的影响，斯坦福学派（The Stanford School）的卡特赖特（Nancy Cartwright）和杜普雷（John Dupre）各自对科学的发展现状做了形而上学解释，并对还原主义进行了驳斥。

卡特赖特认为，我们不能因为科学定律已经取得的成功而忽视科学定律的失效——存在很多科学定律预测不了或预测不准的现象。例如，虽然牛顿力学定律取得了巨大的成功，但是却难以帮助我们准确地预测一块形状不规则的物体的高空下落轨迹。在卡特赖特看来，我们之所以难以通过牛顿力学定律准确地预测某形状不规则物体的高空下落轨迹，并不是因为我们没有获取充足的关于初始条件的数据，也不是因为我们的计算能力有限，而是因为牛顿力学定律的"适用对象"与"形状不规则物体的运动"在本质上是不同的。所以，我们不应该认为牛顿力学定律在原则上一定可以运用于一些它目前尚不适用的领域。在卡特赖特看来，逻辑经验主义所追求的还原主义的科学统一是不可能的，因为科学定律不能在具有普遍性的同时又为真，科学定律只不过是科学家构建出来的适用于特定领域的模型，所有定律都是其余情况均同定律（Ceteris Paribus Law），并不具有普遍有效性，甚至微观物理定律也是如此，所以，没有哪一条科学定律能够成为其他定律的基础，不同领域的定律是无法构成还原关系的。卡特赖特说道："所有描述世界的定律构成的是拼图而不是金字塔。它们不能构成简单的、优美并抽象的公理和定理系统。"[1] 在卡特赖特看来，世界是一个斑驳的（Dappled）世界，而不是一个统一的世界[2]。

在重点考察了生物学之后，杜普雷提出："分子遗传学家根据分子结构所描述的基因与群体遗传学模型中提到的基因甚至经典遗传学中的基因并不是同一个东西。"[3] 在杜普雷看来，不同科学领域的科学家是出于不同的目的对世界进行分门别类，科学类是交叉和重叠的，科学类相互之间是不可还原的。

---

[1] Nancy Cartwrighr, *The Dappled World: A Study of the Boundaries of Science*, Cambridge, UK: Cambridge University Press, 1999, p. 1.

[2] Jordi Cat, "The Unity of Science", in *Stanford Encyclopedia of Philosophy*, https://plato.stanford.edu/entries/scientific-unity/, 2017.

[3] John Dupre, *The Disorder of Things: Metaphysical Foundations of the Disunity of Science*, Cambridge, MA: Harvard University Press, 1993, p. 122.

杜普雷支持三种主义，分别是：第一，反本质主义——对实在的分类方式是多元的，而不是单一的；第二，反还原主义——不同层次理论描述的对象的实在性与因果效力是等同的，微观物理领域不是因果完备的；第三，反认识论一元主义——不存在关于科学知识的唯一的认识论标准。于是，杜普雷提出，在理解"科学"这一概念的时候，我们应该参考后期维特根斯坦的"家族相似"概念[1]。杜普雷认为，既然关于世界的分类是如此复杂，那么内格尔的还原模型所需要的关于世界的从高到低的层次划分就不存在，所以内格尔的还原主义的科学统一无法实现。杜普雷进而提出了一种本体论多元主义，并称之为"混杂实在论"（Promiscuous Realism），该多元主义声称"我们可以通过多种不同的同等合法的方式将世界划分为不同的类；另外，不同于还原主义，多元主义坚持宏观的事物和微观的事物在实在性和因果有效性上是平等的"[2]。如果这样一种本体论为真，那么不管科学怎样发展进步，不同科学领域的理论之间的还原都是不可能的。

---

[1] Jordi Cat, "Unity and Disunity of Science", in Jessica Pfeifer and Sahotra Sarkar, eds., *The Philosophy of Science: An Encyclopedia*, New York: Routledge Press, 2006, p. 846.

[2] John Dupre, *The Disorder of Things: Metaphysical Foundations of the Disunity of Science*, Cambridge, MA: Harvard University Press, 1993, pp. 6–7.

五 还原主义并不支持物理因果闭合性

所以，卡特赖特和杜普雷根据科学的发展状况得出了各自的形而上学观点，并认为自己的形而上学是关于当前科学的哲学说明，二者的哲学结论和逻辑经验主义的还原主义可谓大相径庭。当前，还原主义虽有所式微，但是依然不乏支持者，之所以如此，就在于我们还是无法根据当前的科学发展情况在不同的，甚至是相互对立的哲学理论之间（还原主义与非还原主义）做出明确的选择。至于未来的科学是一番什么样的景象，我们显然是不得而知的。

在关于物理因果闭合性的经验论证中，帕皮纽所说的一组基本物理力应该就是存在于微观物理领域的力，并且其论证实际上预设了还原主义的科学统一已经实现。然而现实情况是，理想气体定律没有真的被还原为分子动力学，化学没有被还原为物理学，生物学也没有被还原为化学，更不用说心理学被还原了，科学并没有像逻辑经验主义所说的那样实现还原主义的统一。

然而，当代心灵哲学界的不少学者却将整个的非心理领域当成了一个已经实现了还原统一的整体。正如霍斯特所言："世纪之交的心灵哲学可以说是上个世纪50年代的科学哲学的最后一个堡垒,几乎所有讨论心灵本质的人都错误地做了如下假设:(1)只有心灵是不可还原的;(2)只有关于意识和意向性这样的心理现象才存在着解释鸿沟(Explanatory Gap)。"[1]不可否认,心灵确实有其特别之处,并为我们带来了很多独特的、在其他领域不会遇到的问题,但是心灵的不可还原性绝对不是独一无二的,解释鸿沟在其他领域照样也存在。

所以,就目前的科学来说,还原主义的成功是不够充分的,从而其不足以支持物理因果闭合性原则。因此,帕皮纽关于物理因果闭合性的经验论证并不是有效的,这样一来,物理因果闭合性又将失去一个重要的支持。

---

[1] Steven Horst, *Beyond Reduction*, *Philosophy of Mind and Post-Reductionist Philosophy of Science*, New York: Oxford University Press, 2007, p. 4.

第 五 章

什么是物理主义？*

"物理主义"一词最早由纽拉特和卡尔纳普于 20 世纪 30 年代引入①，对于这两位逻辑经验论者来说，物理主义并非一个本体论学说，而是一条关于科学的语言规则——科学命题必须能够被还原为物理主义语言（由指称可公共观察物的语词构成）。随着逻辑经验主义 20 世纪 50 年代以来的逐渐式微，关于世界基本面貌的本体论形而上学探讨不再是禁忌。比如，在 20 世纪 50 年代后期，普雷斯（U. T. Place）、费格尔（Herbart Feigl）和斯马特（J. J. C. Smart）等人相继提出了心—脑同一论，认为心理状态就是特定的大脑或神经状态，这种同一性和水与 H_2O 分子、基因与 DNA 序列、热与平均分子动能之间的

---

* 本章原载于《自然辩证法通讯》2016 年第 4 期，内容略有修改。
① Daniel Stoljar "Physicalism", in *Stanford Encyclopedia of Philosophy*, https://plato.stanford.edu/entries/physicalism/, 2021.

同一性如出一辙，因而，心理学可以还原为神经科学[①]。如今，心—脑同一论被视为还原式物理主义的典型代表，这种意义上的物理主义显然已经不再是纽拉特和卡尔纳普所主张的"语言学论题"，而是一种关于心—身关系（或心—物关系）的"货真价实"的哲学本体论学说。

作为一种本体论，物理主义主张世界上的一切实体归根结底都是"物理的"，而且物理主义者普遍视自己为唯物主义传统的继承人，在当代文献中，"物理主义"与"唯物主义"通常被认为可以相互替换。尽管"唯物主义"一词在当今的哲学文献中仍被广泛使用，但一个明显的事实是，"物理主义"似乎更受偏好。唯物主义主张世界的本原是物质，世界中的一切实体归根到底都是物质。然而，自20世纪初的物理学革命以来，传统唯物主义的物质概念遭受到了前所未有的冲击，而这也是当代的唯物主义者选择用物理主义者来标榜自己的原因之一，在他们看来，物理主义也许能够更加"与时俱进"。

正如唯物主义者需要回答"什么是物质"，物理主义者面对的首要问题是"什么是物理的"，然而，定义"物理的"绝非易事。接下来，本章将首先介绍已有的几种主要的定义"物理的"的方式，并指出这些定义方式并不成功。

[①] J. J. C. Smart, "The Mind/Brain Identity Theory", in *Stanford Encyclopedia of Philosophy*, https：//plato. stanford. edu/entries/mind-identity/, 2007.

然后，本章将分析物理主义的三大特性，并指出正是这三大特性使得定义物理主义困难重重。最后，本章提出，要恰当地定义物理主义，不能将物理主义视为一个具有真值的本体论学说，而要将其当作一个用以确立合适的本体论的方法论原则。

一 什么是"物理的"？

（一）物理学的对象即"物理的"

将"物理的"定义为"物理学承认存在的"，这应该是最易想到的定义方式。根据这种定义方式，电磁场、引力以及有着波粒二象性的光子等都是"物理的"，尽管这些对象直观上并不那么像我们通常理解的物质。然而，我们如何确定一门学科是物理学呢？也许物理学家研究的学问就是物理学，如果是这样的话，那又如何确定一个人是物理学家呢？一位地质学家能否被称为物理学家？如果不能，那又是为什么呢？原因大概是因为他研究的不是物理学，那这又是为何呢？因为他研究的对象不是物理对象。这显然陷入了循环定义之困境。波兰德（Jeffrey Poland）就指出："将定义'物理的'的任务抛给物理学家是毫无帮助的，除非我们知道谁是物理学家，以及什么是物理学，否则回答什么是'物理的'的问题将会造成循环定义。"① 更何况世上有着众多的物理学家，这些物理学家还经常意见不一致，我们该听哪一个物理学家的？是大学、研究院所里的更权威，还是企业里的更可靠？所以说，"物理学家"是一个模糊的概念，一个人是否是物理学家似乎更多地取决于社会约定，波兰德说道："一个人是否被认定为物理学家很可能是任意的，……在如何组织和运作一所大学这一问题上更多的是依靠管理者的决定。"② 由此看来，试图通过物理学家来确定什么是物理学，进而确定什么是"物理的"这一方法是行不通的。正如波兰德所说："如果一个词被认为是物理语词的原因是该词被写在物理课本里或被一个物理学家使用，那么这种看法完全不可取。"③

如果无法通过物理学家来确定什么是物理学，那么还有没有其他方法将物理学与其他的科学门类明确地区分开呢？在一些哲学家看来，科学被划分为不同的分支和门类仅仅是一种表面现象，并无任何更为基础的原则作为依据。例如，亨普尔（Carl Hempel）就认为："科学被划分为不同的领域完全是出于研究方法和兴趣导向的不同，并不能认为各门科学之间有着

---

① Jeffrey Poland, *Physicalism: The Philosophical Foundations*, Oxford: Oxford University Press, 1994, p.118.

② Jeffrey Poland, *Physicalism: The Philosophical Foundations*, Oxford: Oxford University Press, 1994, p.118.

③ Jeffrey Poland, *Physicalism: The Philosophical Foundations*, Oxford: Oxford University Press, 1994, p.119.

本质上的不同。相反，所有的科学分支原则上有着相同的本质，它们都是物理学这一单一科学的分支。"[1] 凯梅尼（John Kemeny）也指出："出于各种目的，将科学划分为不同的分支是非常有用的，但是我们没有什么理由赋予这种划分某种更深的意义。科学虽有着广泛的研究领域，但因为其有着一种共同的方法而是统一的。科学被分门别类仅仅是为了更好地进行描述，并不代表各门科学自身有着某种根本性的特征。"[2] 坎贝尔（Norman Campbell）则断言："现今的各门科学所谓的研究范围和领域很大程度上是一种历史性的偶然结果，……科学是一个单一的整体，被划分为不同的分支主要是出于约定，缺乏任何深层的意义。"[3]

乔姆斯基（Noam Chomsky）则通过考察物理学的发展演化史来表明其并无明确界限，他说道："'物理解释'这一概念毫无疑问将会被扩展，把任何被发现的事物纳入进来，正如它之前所做的那样，将引力和电磁力，没有质量的微观粒子，以及其他大量的违背了前人常识的实体和过程纳入进来。"[4] 物理学的确在不断地演化，很可能某种心理性的实体也会被纳入

---

[1] Carl Hempel, "The Logical Analysis of Psychology" in Herbert Feigl and Wilfrid Sellars, eds., *Readings in Philosophical Analysis*, New York: Appleton-Century-Crofts, 1949, p. 382.

[2] John Kemeny, *A Philosopher Looks at Science*, Princeton/NJ: D. Van Nordstrom, 1959, p. 182.

[3] Norman Campbell, *What is Science?*, New York: Dover, 1953, pp. 13 – 14.

[4] Noam Chomsky, *Language and Mind*, New York: Cambridge University Press, 2006, p. 86.

未来的物理学，正如波兰德所说：

> 我们的"物理的"的概念之所以不断演化，部分的原因是，在组织性和复杂性较高的层次，新的现象和关于它们的原则出现了。如果先前的关于不那么复杂的物理现象的物理原则被证明不足以解释新现象，那么为了保证物理学的基础性和广泛性的特征，这些现象必须被视作"物理的"。如果这种趋势继续发展，……那么这将使得把心理现象以及关于心理现象的原则（典型的非物理现象和原则）视作物理基础的一部分成为可能。而这势必破坏物理主义纲领的核心动机——将"心理的"理解为"随附于基础性的物理现象的非基础性的表象"。[①]

并且波兰德认为："如果让物理学家在以下两种选择中做出抉择，其一是允许'心理的'被纳入'物理的'之中，其二是对物理学的理论构造予以先验的限制，物理学家定会倾向于前者。"[②] 的确如波兰德所说，尽管先前的唯物主义者曾经对"何为物质"做出过一些先验的规定——比如，认为物质是不可穿透的，有广延的，必须相互接触才能发生相互作用等，但

[①] Jeffrey Poland, *Physicalism: The Philosophical Foundations*, Oxford: Oxford University Press, 1994, p.147.

[②] Jeffrey Poland, *Physicalism: The Philosophical Foundations*, Oxford: Oxford University Press, 1994, p.332.

是后来的物理学家却抛弃了这些先验的规定，并将很多超出了这些规定的对象也称作物质。

综上所述，可以发现，到目前为止并没有什么原则性的标准来界定物理学，物理学与其他学科之间的界限并非十分明确，这样一来，通过物理学来定义"物理的"就无法确定地将"物理的"与其他类别区分开来。

1. 当今物理学的对象即"物理的"

如果无法根据某种原则或标准将物理学与其他学科区分开来，"约定"就成了一个不错的区分方法。比如，我们可以就用当今物理学来定义"物理的"。关于什么是当今的物理学，梅里克（Andrew Melnyk）有一个不错的想法："我建议将当今的物理学等同于当代的物理学家一致认同的理论（因而不包括所有仅仅被当代物理学家提及或讨论的理论），而且我认为在实践上，我们也能通过考察被广泛用于本科生和研究生教育的物理教材的内容来发现当今的物理学究竟是哪些理论。"[1]

然而，如此定义"物理的"会遇到三大问题。首先，当今物理学并不完备，还存在大量无法解释与预测的现象，要解释与预测这些现象，物理学很可能还需要假设新的实体和定律。另外，当今物理学研究的只不过是宇宙的非常小的一部分，我们无法否认宇宙中还有很多尚未发现的事物与性质，而未来的

---

[1] Andrew Melnyk, *A Physicalist Manifesto: Thoroughly Modern Materialism*, Cambridge: Cambridge University Press, 2003, p.15.

物理学会发现它们。再者，虽然当今物理学看上去可信度很高，但是很可能是有错误的，科学史让我们有理由这样怀疑，例如，就在量子力学和相对论提出之前不久，开尔文（Lord Kelvin）曾豪言物理大厦已经落成，所剩只是一些修饰工作，然而很快他就发现自己大错特错了。同样地，当今物理学很可能也是如此，更何况当今物理学的两大理论（广义相对论和量子力学）之间的矛盾还未得到较好的调和，物理学家尚在努力之中。所以，如果用当今物理学来定义"物理的"，物理主义将很可能是错误的。

2. 未来物理学的对象即"物理的"

由于用当今物理学定义"物理的"会使得物理主义很可能是错误的，于是，一些学者提出通过未来的、理想状态下的物理学来定义"物理的"。例如，金在权认为物理性质就是理想物理学所说的微观物理性质[1]。查尔莫斯（David Chalmers）则认为物理性质即发展完备的物理学（Completed Physics）所假设的基础性质[2]。然而，这种定义"物理的"的方式照样行不通。

首先，我们无法知道未来物理学是何模样，无法预测未来

---

[1] Barry Loewer, "Comments on Jaegwon Kim's Mind and the Physical World", *Philosophy and Phenomenological Research*, Vol. 65, No. 3, Nov 2002, p. 656.

[2] Barry Loewer, "Mental Causation, or Something Near Enough", in Brian McLaughlin and Jonathan Cohen, eds., *Contemporary Debates in Philosophy of Mind*, USA/MA: Blackwell Publishing, 2007, p. 260.

的物理学会有哪些研究对象。如果以此种"空中楼阁"般的物理学来定义"物理的",那么物理主义的意义将是不确定的,我们也无从判断其真假。再者,由于物理学本身并不会将一些直觉上非物理的实体排除在外,所以,如果用未来的物理学来定义"物理的",那么"物理的"很可能被不适当地扩张,将一些直觉上非物理的东西纳入进来,例如,某种有着意识的亚原子微粒,一些突现论者所假设的心理力等。这样一来,如果用未来物理学定义"物理的",那么这将无法保证物理主义作为唯物主义"后裔"该有的内涵——区别于二元论和唯心论。正如勒韦尔(Barry Loewer)所言:"如果为了解释某些明显的物理类事件,物理学家不得不假设一些意向性的或现象性的基础性质,那么包含这些性质的理论必然不是物理理论。"[1]

所以无论是"当今物理学",还是"未来物理学",都无法成功地定义物理主义。该困境由亨普尔最早做出阐述,因此被称为"亨普尔两难"(Hempel's Dilemma)。赫尔曼(Geoffrey Hellman)将"亨普尔两难"概括如下:"当今的物理学显然是不完备的(其本体论),且是不精确的(其定律)。而这造成了一个两难的困境:如果物理主义的原则以当今的物理学为基础,那么它们将有诸多理由被认为是错误的;如果它们不以当今的物理学为基础,那么它们将是难以理解的,因为它们建立

---

[1] Barry Loewer, "From Physics to Physicalism", in Carl Gillett and Barry Loewer, eds., *Physicalism and Its Discontents*, Cambridge: Cambridge University Press, 2001, p. 40.

在根本不存在的物理学之上——何况我们缺乏任何关于物理对象、性质或定律的独立于物理理论之外的标准。"①

(二)"物理的"是"非心理的"

上文的分析表明,给出一个关于"物理的"的正面定义会遭遇诸多困难,既然如此,是否可以通过"物理的"的对立面"心理的"来定义呢?

这种将"物理的"定义为"非心理的"的定义方式一般被称为"循否法"(The Via Negativa)。之所以会有物理主义者选择这种方式,是因为他们相信,不管物理学发展至什么程度,至少有一点是可以肯定的,那就是其不能包含基础性的心理实体(Fundamentally Mental Entity)。帕皮纽就是这一观点的主要支持者之一,他说道:"你是否准确地知道完备的物理学将包含什么并不关键,更为重要的是知道它将不包含什么,……比如,有知觉的,有意向性的,或任何只发生在智能生物头脑中的事件。"②

"循否法"之所以被一些学者采纳,是因为物理主义被认为是唯物主义的"后裔",其必须要能与唯物主义的对立理论区别开来,如二元论、唯心论等等,如果与这些对立理论都是

---

① Geoffrey Hellman, "Determination and Logical Truth", *The Journal of Philosophy*, Vol. 82, No. 11, Nov 1985, p. 609.
② David Papineau, "The Rise of Physicalism", in Carl Gillett and Barry Loewer, eds., *Physicalism and Its Discontents*, Cambridge: Cambridge University Press, 2001, p. 12.

相容的，那么物理主义将不过是一个琐碎的理论。还有学者从经验心理学的角度为"循否法"做了辩护，例如，沃利（Sara Worley）认为关于儿童的心理学实验表明"我们关于'心理的'与'物理的'二者之间的区分是先天的，……关于主体能动者（Agent）与物理客体的行为，我们之所以会发展出两种不同的解释系统与模式，这是由我们基本的生物资质决定的"①。

然而，"循否法"会带来两大问题。首先，其扩大了"物理的"的领域。非心理领域显然要比物理领域的外延更大，"非心理的"除了包含"物理的"之外，还包含"化学的""生物的""神经的""地质的"等，除非这些领域都能够被还原为"物理的"，否则我们不能将"物理的"等同于"非心理的"。

再者，"循否法"将使得物理主义无法成为一个有意义的关于心灵的本体论。在物理主义者看来，物理主义是最可能的关于心灵的本体论，然而，物理主义要成为一个有意义的关于心灵的本体论理论，其内涵显然不能直接包含"非心理的"，否则，物理主义就是在断言"心理的"是"非心理的"，而这根本没有为我们带来任何新的关于"心理的"的理解。

---

① Sara Worley, "Physicalism and the Via Negativa", *Philosophical Studies*, Vol. 131, 2006, p. 104.

（三）"物理的"与物理范例

如果将前文谈到的通过物理学来定义"物理的"的方式称为"理论路径"的话，那么还有另一种可被称作"对象路径"的定义方式。该路径首先将一些对象挑选为范例性的物理对象，然后再将构成或包含这些范例的实体视为"物理的"。莱肯（William G. Lycan）就是这一路径的支持者，他认为物理主义就是接受"有心灵的生物与普通的无生命物体由完全相同的根本成分构成，它们的性质由这些根本成分的结构及其这些成分与外部事物的关系决定"[1]。莱肯说的普通的无生命物体可能包括石头、水等，即范例性的物理对象，而构成或包含这些范例的实体就是"物理的"。

我们知道，当今的物理学假设存在着暗物质，并认为暗物质由新的基本粒子（可能是"轴子"）构成，所以暗物质不大可能像莱肯所说，与普通的无生命物体的根本成分完全相同，因此，根据莱肯的定义方式，暗物质是"非物理的"，但是，我们却没有将暗物质视为"非物理的"。既然暗物质与普通的无生命物体的根本成分完全不同，我们还是将之归为"物理的"，我们又有何理由不将典型的"心理实体"也直接算作"物理的"呢？所以，莱肯的定义方式存在不合理之处。

---

[1] William G. Lycan, "Chomsky on the Mind-Body Problem", in Louise M. Antony and Norbert Hornstein, eds., *Chomsky and His Critics*, Oxford: Blackwell, 2003, p.14.

早期的帕皮纽也是这一路径的支持者,他说道:"我建议我们先假设一些前理论的范例性的物理结果,例如,石头的下落,我手中的物体的移动等等。如果我们将这一类结果独立地给出,那么我们将能有效地把其余的'物理的'定义如下:所有需要被用来解释这些范例性的物理结果的范畴。"①

然而,帕皮纽的这种定义方式会遭遇三大主要问题。第一,该定义方式会将一些非现实的,但逻辑上可能的物理性质排除在"物理的"之外。根据帕皮纽的说法,物理实体就是需要被用来解释范例性的物理结果的实体,显然,能够出现在这样的解释中的实体必须是实际存在的,一个并不实际存在的东西怎么能够解释存在的实体呢?然而,有一些性质在现实世界中并不存在,但我们却会认为它们是"物理的",例如"超光速的""低于绝对零度的"等。

第二,该定义方式将使得现实世界中的很多原本被公认为是"物理的"实体变成"非物理的"。根据帕皮纽的定义,物理实体包括范例性的物理实体以及需要被用来解释这些范例的实体,但该如何界定"需要"呢?例如"密度",其应该是一个公认的实际存在的物理性质,能够被用来解释一些范例性的物理结果,比如杯子中的水被放进去的小石子挤出来了——因为石子的密度比水的密度大。虽然密度能够解释这一结果,但

---

① David Papineau, *Philosophical Naturalism*, Oxford: Blackwell, 1993, p. 30.

是我们也可以通过质量和体积（密度不过是质量与体积的比值）来解释，从而，对于解释"水被石子挤出"，"密度"变得不需要了，这样一来，"密度"竟成了非物理性质，而这显然是难以接受的。

第三，该定义方式（包括莱肯的定义方式）要求先确定一些范例性的物理实体，然而，我们该如何界定范例性的物理实体呢？范例性的物理实体的标准是什么呢？如果我们不能给出物理范例的界限与标准，那么通过物理范例而给出的关于"物理的"的定义必然是不明确和不清晰的。

因此，和通过物理学来定义"物理的"的"理论路径"一样，"对象路径"也无法成为一种令人满意的定义"物理的"的方式，其同样会遭遇众多困难。

（四）"物理的"是"可公共认识的"

上文讨论的定义"物理的"的方式应该都是物理主义者所做出的尝试，那么反物理主义者会如何定义"物理的"呢？物理主义者定义"物理的"当然是尽量想让物理主义为真，而反物理主义者则恰好相反，例如，斯温伯恩（Richard Swinburne）就将"物理的"定义为"可公共认识的"，他说道：

> 物理性质是公共的，关于它们没有"特权性的"认识通道。因此，"有十磅重""有八英尺高""是正方形的"

都是物理性质。同样是物理性质的还有大脑中的神经元的性质——处于某种电状态或正在释放某种化学传导物。物理事件就是这些物理性质的例示。我认为，心理性质就是某一主体对之有"特权性的"认识通道的性质。例如"痛"或"红色"，或"相信今天是星期四"都是心理性质，任何例示这些性质的人必然要比其他人更清楚地知道这些性质。①

如果像斯温伯恩一样，将物理性质定义为"可公共认识的"，并且认定主体关于心理性质确实有着"特权性的"认识通道，即"第一人称视角优先性"，那么物理主义将会是错误的，因为我们很难否定"痛""痒"或"相信……"等心理状态的存在。然而，为什么不能存在有着"第一人称视角优先性"的物理性质呢？我们并不能排除这种逻辑可能性。如果将"物理的"定义为"可公共认识的"，又认为"心理性质"是有着"特权性的"，那么物理主义就先验地为假了。但是，物理主义并不是一个先验性的学说，其真假取决于世界本身到底如何，我们不能仅仅通过定义就为其贴上了"假"的标签。所以，斯温伯恩关于"物理的"定义是不合理的。

---

① Richard Swinburne, "Body and Soul", Think, Vol. 2, No. 5, 2003, p. 32.

二 物理主义的三大特性

上文的分析表明，我们很难给出一个恰当的关于"物理的"定义，而这进而导致"物理主义"难以获得明确的定义。物理主义之所以如此难定义，原因在于其有三大特性。第一，和其"前身"唯物主义一样，物理主义试图断言构成世界的基础性存在究竟是什么。第二，物理主义因其历史渊源要与二元论、唯心论对立。如果一个关于物理主义的定义使得笛卡尔、贝克莱也能够进入物理主义者的行列，那么该定义显然是成问题的。第三，物理主义要和物理学有着密切的关系，正如内伊（Alyssa Ney）所说："我（物理主义者）发誓，不管物理学将我带到哪儿，我的本体论都会跟到哪儿。"[①]

清楚了物理主义的这三大特性，也就容易明白为什么定义"物理的"与"物理主义"会如此困难了。首先，因为物理主义试图断言构成世界的基础性存在究竟是什么，从而，如前文分析，用当今物理学定义"物理的"显然是不行的。另外，因为物理主义要与二元论、唯心论保持对立关系，而未来物理学很可能将基础性的心理实体纳入进来，所以不能用未来物理学定义"物理的"。再者，既然物理主义要与物理学保持紧密关

---

① Alyssa Ney, "Physicalism as an Attitude", *Philosophical Studies*, Vol. 138, 2008, p. 5.

系，那么用"非心理的"定义"物理的"显然无法将此关系表达出来。此外，由于物理主义与物理学关系紧密，而物理学又是不断在发展的，所以物理主义的本体论也因此而在不断地变化，显然，通过物理范例定义"物理的"不能保证物理主义的"与时俱进"。最后，由于物理主义的定义如此依赖于物理学，那么其不会先验为假，所以用"可公共认识的"来定义"物理的"也不可取。

难道清晰明确地定义物理主义就不可能了吗？本章认为，要保证物理主义的三大特性，一种可行的方式是，放弃将物理主义视为一个能够判定为真或为假的本体论理论，而将其当作一个方法论原则——确定我们关于世界的本体论的方法论原则。

三 作为方法论原则的物理主义

早在20世纪60年代，亨普尔就指出："物理主义最好不被理解为一个明确的理论，而应被理解为一个指导科学研究的原则。"[1] 亨普尔的这一洞见为我们脱离在定义物理主义时遇到的困境开辟了一条蹊径。亨普尔主张将物理主义理解为一个指导科学研究的原则，本章则认为，我们可以将物理主义视为一

---

[1] Carl Hempel, *Philosophy of Natural Science*, Prentice Hall, 1966, p. 105.

个根据当今物理学确立本体论的方法论原则。正像范·弗拉森（Van Fraassen）所言："唯物主义（物理主义）的特征就在于其顺从于科学的内容，对于唯物主义者来说，应该相信什么就看科学告诉我们什么。"[①] 至于什么是当今物理学，则可以采纳前文提到的梅里克的想法——将当今物理学等同于当代的物理学家一致认同的理论，也就是说，我们可以通过约定来确定当今物理学的内容。如果将物理主义视为一个根据当今物理学确立本体论的方法论原则，那么这种"方法论物理主义"将具有物理主义的三大特性。

首先，如果接受这种"方法论物理主义"，那么我们的本体论就是当今物理学的本体论，所以"方法论物理主义"包含了关于构成世界的基础性存在的断言，这乃上文提到的物理主义的第一个特性。但由于"方法论物理主义"是一个方法论原则，所以不具有真值，并且其意义是明确的，因此成功地避免了"亨普尔两难"，这是"方法论物理主义"的优势。

由于难以给出关于"物理的"的恰当定义，所以物理主义的对立理论之一"二元论"作为一种本体论同样也是意义不明的，因为二元论包含了一层含义——不是所有的实体都是物理的。这样的话，我们可以将二元论也理解成一种方法论原则，并将之定义为："二元论即除了认为当今物理学的对象存在之

[①] Van Fraassen, *The Empirical Stance*, New Haven: Yale University Press, 2002, p. 106.

外，还相信一切能够通过自省的方式认识到的对象也是一种基础性的存在。"如果物理主义与二元论都是一种方法论原则，那么我们还能否将二者区分开呢？持否定答案的人可能会认为，随着物理学的发展，心理实体有可能被纳入物理学的本体论之中，这样一来，物理主义的本体论就和二元论的本体论重合了，从而二者无法被区分开。然而，并非如此。可以假设到了公元4000年，物理学家被迫假设心理实体是一种基础性的存在，那时物理主义的本体论将和二元论是相同的，可是，虽然此时二者的本体论相同，但是由于物理主义在公元4000年前的本体论没有包含心理实体，所以其本体论漏掉了心理实体，从而物理主义的本体论在公元4000年之前是错误的。而二元论则不管是在公元4000年，还是在此之前或之后，其本体论都是正确的。因此，都作为方法论原则的物理主义与二元论还是有差别的，二者的差别就是物理主义的本体论的正确性是与时间相关的，而二元论则不然。所以，将物理主义理解成"根据当今物理学确立本体论的方法论原则"可以保证物理主义与同样作为方法论原则的二元论之间的对立。类似地，唯心论也是如此。此乃上文提到的物理主义的第二个特性。

最后，由于"方法论物理主义"是根据当今物理学确立本体论的方法论原则，所以显然是与物理学有着亲密关系的，此乃上文提到的物理主义的第三个特性。

如果物理主义是一个不能为真或为假的方法论原则，那么它如何回答"心理性质与物理性质是什么关系"以及"心理因果如何可能"等重要的哲学问题呢？作为当今心灵哲学界主流思潮的"本体论物理主义"（相对于本章的"方法论物理主义"）对这些问题给出了相应的回答，例如：心理性质随附于物理性质，心理因果可以被还原为物理因果等。本体论物理主义者之所以能够并且选择给出这些回答，是因为他们认为物理主义是真的，如果物理主义成了一个不能为真或为假的方法论原则，那么物理主义似乎就无法回答这些问题了，我们是否要因此而抛弃"方法论物理主义"呢？其实大可不必。因为，关于这些问题，方法论物理主义至少可以帮助我们确定应该采取的研究路径。例如，由于当今物理学还没有假设基础性的心理实体，所以方法论物理主义者在研究"心理因果如何可能"这一问题时就会选择在物理层面来寻求解答，而如果一个人接受二元论（方法论二元论），那么他就会将心理实体的因果作用视为实在的。如果方法论物理主义在处理"心理因果如何可能"这一问题上颇有成效，那么这就为作为方法论原则的物理主义做出了辩护。因此，虽然我们不能断定方法论物理主义为"真"或为"假"，但是却可以评定它"好"或"不好"。

综上分析，放弃将物理主义视为一个为真或为假的本体论理论，而将其当作一个好或不好的方法论原则不失为一个不错的选择。

第 六 章

重新审视因果排斥问题

"因果排斥问题"的确困扰了不少物理主义者,以至于金在权将之称作"笛卡尔的报复"。在因果排斥问题中,并非心理事件自身的特征使得其无法成为物理事件的原因,而是物理事件"夺取"了其成为原因的可能性,因为每一个物理事件都已经有了充足的物理原因。如果将笛卡尔的"心灵"比作一个因为没有工作技能而找不到工作的人,那么非还原物理主义者的"心灵"则是因为没有空缺的工作岗位而无法获得上岗机会。

在因果排斥问题中,"物理因果闭合性"原则是一个重要的前提,然而,第三章和第四章表明,被大多数非还原物理主义者视为教条般的"物理因果闭合性原则"并未得到充分的辩护,而且第五章表明,"物理的"意义是暧昧不明的,从而命题"物理世界是因果闭合的"真假其实无法判断。这样一来,物理性质将不会对心理性质的因果效力构成威胁。

如果物理主义并不是一个具有真值的本体论学说，而是一个用以确立合适的本体论的方法论原则，那么接受物理主义也不会在逻辑上否定心理实体是一种基础性存在的可能性，这样的话，物理主义将无法保证心理性质在本体论上对物理性质的依赖性，而这与物理主义的基本要求——心理性质随附于物理性质——是相违背的。不过，虽然在逻辑上不能排除心理实体作为一种基础性存在的可能性，但是我们可以通过非逻辑的方式不接受这种逻辑可能性。在当今的科学图景下，大多数科学家与哲学家都会认为心理性质是一种派生物，即认为心理性质的存在依赖于物理性质，这样一种立场一般被称为"自然主义"的立场。如果这种立场是正确的，那么不管物理学怎么发展，心理实体都不会成为一种基础性存在，心理性质都会随附于物理性质。因此，如果接受方法论物理主义，且赞同自然主义立场，那么即使"物理的"难以定义，心理性质的存在问题也得到了解决。

此外，因果排斥问题中的另一个核心概念"因果"的意义也不够明确。当我们说"存在心理因果作用"的时候，体现的是我们在平时的生活中对"因果"概念的日常用法。而在使用"物理因果闭合性"这一原则时，有的学者（如金在权）认为"因果关系包含能量和动量（或其他的物理量）转移"，有的学者（如帕皮纽）则将原因理解为"律则充足条件"，因此，

"因果排斥问题"中的"因果"概念是混乱的。

由此可见，因果排斥问题其实算不上一个"好"问题，因为构成该问题的核心概念的意义是模糊不清的，重要前提的可靠性也是存疑的。接下来，本章将首先对"因果关系"进行形而上的分析，然后"援引"近年来科学哲学中逐渐兴起的一种因果观——干预主义因果理论[①]，对因果排斥问题进行重新审视。

一 因果关系的对照性

在《科学的形象》一书中，范·弗拉森提出了科学解释有着"对照性"（Contrastive）的观点，以质疑科学解释的"覆盖律模型（D-N模型）"[②]。那么何谓科学解释的对照性呢？范·弗拉森通过一个例子——"约翰身患梅毒能否解释约翰身体瘫痪？"——阐释了科学解释的对照性。范·弗拉森认为，关于"约翰身患梅毒能否解释约翰身体瘫痪"这一问题，我们既可以回答"能"，也可以回答"不能"。之所以"能"，是因为梅毒确实有可能导致人瘫痪，所以约翰身患梅毒解释了为什

[①] 该理论是独立于因果排斥问题与心理因果问题发展起来的。
[②] "覆盖律模型（D-N模型）"又称为"演绎—规律模型"，该模型由亨普尔提出。亨普尔认为，D-N模型要满足三个逻辑条件和一个经验条件。逻辑条件：（1）被解释项必须是解释项的逻辑结果；（2）解释项必须包含普遍定律，这些定律是推导被解释项时所必需的；（3）解释项必须具有经验内容。经验条件：组成解释项的语句必须为真。

么是约翰而不是他的兄弟瘫痪了。之所以又"不能",是因为并不是所有人只要感染了梅毒就会瘫痪,会有一些例外,所以约翰身患梅毒无法解释为什么约翰作为梅毒患者之一身体瘫痪了①。通过该例子我们可以清楚地发现科学解释的对照性。当回答"能"的时候,被解释项"约翰身体瘫痪"实际上是"约翰而不是他的兄弟(或其他健康的、没有患上梅毒的人)瘫痪"的缩写,其中"健康人"是"约翰"的"对照项"(Contrastive Class)。而当回答"不能"的时候,被解释项"约翰身体瘫痪"则实际上是"约翰而不是其他的梅毒患者瘫痪"的缩写,其中"其他的梅毒患者"是"约翰"的对照项。所以,选择的对照项不同,命题"因为约翰身患梅毒,所以约翰瘫痪了"的真值也会不同。

应该是受了范·弗拉森的影响,一些哲学家,例如,孟席斯(Peter Menzies)②、希区柯克(Christopher Hitchcock)③ 提出,因果关系有着对照性,即因果关系中的原因和结果实际上都包含了对照项,只不过我们平常在表达因果命题时将之省略了。有时候原因和结果的对照项是明显的,有时候对照项则不

---

① Van Fraassen, *The Scientific Image*, Oxford: Oxford University Press, 1980, p. 111.
② Peter Menzies, "The Exclusion Problem, the Determination Relation, and Contrastive Causation", in Jakob Hohwy and Jesper Kallestrup, eds., *Being Reduced, New Essays on Reduction, Explanation, and Causation*, Oxford: Oxford University Press, 2008.
③ Christopher Hitchcock, The Role of Contrast in Causal and Explanatory Claims, *Synthese*, Vol. 107, No. 3, Jun 1996, pp. 395–419.

那么明显，需要诉诸因果命题的语境（Context）[1]。例如"苏格拉底喝毒药而死"，很明显，原因"喝毒药"的对照项是"没喝毒药"而不是"快点喝"或"慢点喝"，结果"死"的对照项则是"没死"，当我们说"苏格拉底喝毒药而死"的时候，我们实际上说的是命题"苏格拉底喝毒药而不是没喝毒药导致他死了而不是没死"的缩略句。如果我们采用"慢喝毒药"作为"喝毒药"的对照项，那么我们得到的命题是"苏格拉底喝毒药而不是慢喝毒药导致他死了而不是没死"，该命题显然是错误的，因为即使苏格拉底喝毒药喝得很慢，他也会死。再例如，"注射100毫升的青霉素治愈了张三"，这是日常生活中比较熟悉的情况，根据常识，我们可以判断出100毫升可能是治愈张三的最低剂量，剂量少了治愈不了，更多剂量没必要。所以，"注射100毫升的青霉素治愈了张三"是"注射100毫升的青霉素而不是其他剂量治愈了张三"的缩写，原因"注射100毫升的青霉素"的对照项是"注射其他剂量的青霉素"，结果"治愈了张三"的对照项是"没有治愈张三"。以上两个例子中的原因和结果的对照项对于大部分人来说是比较明显的，所以不需要刻意诉诸语境。

下面看一个对照项不那么明显，需要诉诸语境来确定的例子。假设张三和他的邻居关系一直不和，而某一天张三决定和

---

[1] Christian List and Peter Menzies, Non-Reductive Physicalism and the Limits of the Exclusion Principle, *Journal of Philosophy*, Vol. 106, No. 9, Sep 2009, pp. 475–502.

他冰释前嫌，重归于好，并且当天下午张三又碰到他了，于是对他说了一句"下午好"，并且声音非常洪亮，邻居感到非常惊讶，因为他没有料到张三会和他打招呼。在此情况中，张三的邻居感到惊讶并不是因为张三洪亮地说出了"下午好"，而仅仅是因为张三说出了"下午好"。再假设另一种情况，张三和他的邻居关系一直不错，而张三是一个平时说话轻声细语的人，一天下午张三碰到他的邻居了，并声音洪亮地向他打招呼——"下午好"，结果张三的邻居感到非常惊讶。在这一情况中，张三的邻居感到惊讶不是因为张三和他说了"下午好"，而是因为张三声音洪亮地向他说了"下午好"。所以，在第一种情况中，因果关系应该是"张三向邻居打招呼而不是不打招呼导致张三的邻居感到惊讶而不是不惊讶"，而在第二种情况中，因果关系则是"张三向邻居声音洪亮地而不是轻声地打招呼导致张三的邻居感到惊讶而不是不惊讶"。如果一个人不熟悉张三以及张三和邻居之间关系，那么他在两种情况下会得出两个相同的因果命题——"张三向邻居声音洪亮地打招呼导致张三的邻居感到惊讶"，然而，这两个命题只不过是表面上相同而已。所以，不熟悉张三以及张三和邻居之间关系的人是无法区分出这两个因果命题之间的差异的，因为他不知道这两个因果命题中的原因与结果的对照项的差异，而他之所以不知道，是因为他不清楚因果命题"张三向邻居声音洪亮地打招呼导致张三的邻居感到惊讶"在两种情况下的关键语境分别是

"张三和邻居不和"和"张三平时说话轻声细语"。

因果命题中原因与结果的对照项依赖于语境是否意味着因果关系不再具有客观性呢？并非如此，语境对因果命题的真值有着影响只不过表明了因果关系有一些不那么明显的决定因素，而我们往往忽略了这些因素，但是，这些因素并不依赖于我们是否注意到它们，它们是客观存在的①。所以，我们可以认为，因果命题中的原因与结果之所以有对照项，是因为因果关系本身就具有对照性。如果因果关系具有对照性，那么这将颠覆以往的因果观念，因为因果关系往往被认为是一种二元关系，即 c 引起 e，关于这一传统的因果观，谢弗（Jonathan Schaffer）质疑道："凭什么认为因果关系是二元的呢？在以往的文献中我们找不到任何关于此的论证。"② 谢弗指出，我们是受了因果命题的表面形式的误导，才会产生因果关系是二元关系的错觉，因果关系实质上是一种四元关系，并给出了因果关系的标准形式——"c rather than c^* causes e rather than e^*"，其中 c^* 和 e^* 分别为 c 和 e 的对照事件（Contrast Event）③。

---

① Cei Maslen and Terry Horgan and Helen Daly, "Mental Causation", in Helen Beebee and Christopher Hitchcock and Peter Menzies, eds., *The Oxford Handbook of Causation*, United States: Oxford University Press, 2009. p. 442.
② Jonathan Schaffer, "Contrastive Causation", *The Philosophical Review*, Vol. 114, No. 3, July 2005, p. 297.
③ Jonathan Schaffer, "Contrastive Causation", *The Philosophical Review*, Vol. 114, No. 3, July 2005, p. 298.

二 干预主义因果理论

近些年来，科学哲学中兴起了一种因果理论——干预主义因果论（Interventionist Theory of Causation），该理论最突出的提倡者是伍德沃德（James Woodward）[①]，此外，希契科克、皮埃尔（Judea Pearl）、斯伯茨（Peter Spirtes）、格利穆尔（Clark Glymour）等人也是该理论的主要支持者。自被提出以来，干预主义因果理论逐渐赢得了越来越多的支持，并成为当今计算机科学与心理学中大量研究的理论预设和方法论基础。本章不打算详细地阐述与分析干预主义因果理论，而仅对其核心思想进行介绍，并以之来处理因果排斥问题。

在日常生活中，我们会经常用到因果概念，那我们使用因果概念的目的是什么呢？当然是为了将因果关系和其他一些关系（如偶然关系、巧合关系等）区分开来，那我们又为什么要将因果关系区分出来呢？根据常识，我们知道原因会带来改变，例如，生病了得吃药，因为吃药（原因）会让病好起来（改变）；天冷了要加衣服，因为加衣（原因）可以让身体暖和（改变）。所以，知道有哪些因果关系对于我们生存下去至

[①] 在 *Making Things Happen*，*A Theory of Causal Explanation*（New York：Oxford University Press，2003）一书中，伍德沃德对干预主义因果理论进行了全面而细致的阐述与辩护。

关重要。干预主义因果理论迎合了这一源自常识的直觉：假如 c 和 e 之间有因果关系，那么如果对 c 进行干预使得 c 发生变化，那么 e 必受影响而发生改变。而如果 c 和 e 之间只是普通联系，那么干预 c 将不会影响到 e[1]。

虽然干预主义因果理论已经发展得相当精致，但其最基本的想法可以表述为："c 是 e 的原因，当且仅当，如果对 c 进行干预，那么 e 将发生变化。"[2] 根据干预主义因果理论的定义，我们有了区分因果关系和普通关系的方法，即通过干预某一结果的假设性原因来确认结果是否会因此而发生变化。所以，干预主义的因果理论强调实验研究对于发现因果关系的重要性[3]。干预主义因果理论虽然和操控主义因果理论（Manipulationist Theories of Causation）有些相似，但是干预主义没有操控主义的人类中心主义色彩，操控主义的人类中心主义体现在其暗含了"仅当人类作为主体能动者（Agent）能够通过操控某一事件而影响到另一事件时，因果关系才存在"的意思，所以操控主义会导致人类不能操控的领域没有因果关系的结论，这显然让人难以接受。干预主义则不然，因为其允许通过假设性的干

---

[1] Panu Raatikainen, "Causation, Exclusion, and the Special Sciences", *Erkenn*, Vol. 73, 2010, p. 353.
[2] Panu Raatikainen, "Causation, Exclusion, and the Special Sciences", *Erkenn*, Vol. 73, 2010, p. 353.
[3] Panu Raatikainen, "Causation, Exclusion, and the Special Sciences", *Erkenn*, Vol. 73, 2010, p. 353.

预（Hypothetical Interventions）来判断某个因果命题是否为真，所以一些人类尚无能力进行实际干预的领域也可以被赋予因果关系[1]。例如，干预宇宙大爆炸显然不可能，但是我们可以依赖于各式各样的模型来帮助我们设想干预宇宙大爆炸该如何进行[2]。

当然，干预主义因果理论关于何谓一个有效的"干预"有一些要求：首先，如果要通过干预来确定 c 是不是 e 的原因，那么对 c 的干预不能改变其他可能会影响到 e 的因素，并且这一干预不能直接作用于 e。此外，要保证对 c 的干预不是通过改变 c 与 e 的某一个共同原因来实现的。再者，对 c 的干预必须是逻辑上可能的[3]。最后，由于关于 c 的干预实际上就是 c 的原因，所以干预主义因果理论是一种非还原式的因果理论[4]。

由于干预主义因果理论允许通过假设性的干预来判断因果关系，所以又被视为"反事实因果理论"的一个版本，从而，我们可以借助于"反事实条件句"来评判一个关系是不是因果

---

[1] Panu Raatikainen, "Causation, Exclusion, and the Special Sciences", *Erkenn*, Vol. 73, 2010, p. 354.

[2] Lawrence A. Shapiro, "Mental Manipulations and the Problem of Causal Exclusion", *Australasian Journal of Philosophy*, Aug 2011, pp. 4 – 5.

[3] Lawrence A. Shapiro, "Mental Manipulations and the Problem of Causal Exclusion", Australasian Journal of Philosophy, Aug 2011, pp. 3 – 4.

[4] Christopher Hitchcock, "Causation", in Stathis Psillos and Martin Curd, eds., *The Routledge Companion to Philosophy of Science*, Abingdon: Routledge, 2008, p. 324.

关系。干预主义的反事实条件句的形式如下："倘若 c 被一个干预改变，那么 e 也将改变。"这样的反事实条件句被称为"主动反事实条件句"（Active Counterfactuals），因为其前件是一个假设性的干预①。虽然干预主义因果理论可被归类为反事实因果理论，但却可以避免以往的反事实因果理论的弊端——无法区分假的因果关系与真正的因果关系。例如，气压计的读数下降往往伴随着暴风雨的来临，所以反事实条件句"倘若气压计的读数下降，那么暴风雨将来临"为真，但是气压计的读数下降并不是暴风雨来临的原因，二者只不过是大气压下降的共同结果。而根据干预主义因果理论，如果气压计的读数下降是暴风雨来临的原因，那么反事实条件句"倘若气压计的读数经过某种人为的干预后下降，那么暴风雨将来临"应该为真，但是该反事实条件句显然是错的，所以气压计的下降与暴风雨的发生之间并无因果关系。

不同于大多数因果理论将因果关系视为事件之间的关系，干预主义因果论者认为因果关系是变量之间的关系，而变量可以取不同的值，并且对原因变量和结果变量的取值会决定因果命题的真假②。例如，假设注射 100 毫升青霉素刚好能治愈 X

---

① Panu Raatikainen, "Causation, Exclusion, and the Special Sciences", *Erkenn*, Vol. 73, 2010, pp. 353–354.
② Peter Menzies, "The Exclusion Problem, the Determination Relation, and Contrastive Causation", in Jakob Hohwy and Jesper Kallestrup, eds., *Being Reduced, New Essays on Reduction, Explanation, and Causation*, Oxford: Oxford University Press, 2008, p. 206.

病。我们是如何知道的呢？当然是逐渐改变青霉素的剂量，然后再观察患者是否痊愈。当给患者注射50、70、80、90、98、99毫升时，患者都没有痊愈，但是给患者注射100毫升或者多于100毫升时，患者痊愈了，所以可以得出结论，注射100毫升青霉素刚好能治愈X病。根据干预主义因果理论，可将"注射青霉素"视为一个变量，该变量可以取多个值，同样也可将"X病的状态"视为一个变量，但是其只有两个值，即"没被治愈"与"被治愈了"。如果给一名患者注射50毫升青霉素，那么变量"注射青霉素"的值就由于受到干预而从初始值"注射0毫升"变为了"注射50毫升"，而变量"X病的状态"继续维持"没被治愈"这一初始值。对于变量"注射青霉素"的其他干预，比如干预至70毫升或90毫升，也不会改变变量"X病的状态"的初始值。当且仅当变量"注射青霉素"由于受到干预而变为"注射100毫升"时，变量"X病的状态"才会从初始值"没被治愈"变为"被治愈了"。至此，根据干预主义因果理论，可以得出如下结论：变量"注射青霉素"由于受到干预而从"注射0毫升"变为"注射100毫升"导致变量"X病的状态"的值由"没被治愈"变为"被治愈了"。

因此，根据干预主义因果理论，因果关系是一种四元关系——原因变量的初始值、干预后的值与结果变量的初始值、结果值四者之间的关系，否则因果命题的意义是不明确的。正如伍德沃德所言:"仅仅说 X 导致 Y 并未提供多少信息。从干预主义因果理论的角度来说,我们不仅仅满足于知道干预 X 会改变 Y,我们还想知道得更多,即:对 X 进行什么样的干预会改变 Y,以及 Y 会发生什么样的变化。"① 这与乔纳森·谢弗的"因果关系是一种四元关系"的观点不谋而合。

很明显,干预主义因果理论包含了因果关系的对照性。例如,当选择了"注射青霉素"作为一个能取多个值的原因变量的时候,实际上已经确定了因果命题"注射 100 毫升青霉素使得 X 病痊愈"中的原因"注射 100 毫升青霉素"的对照项是"注射其他剂量的青霉素"而不是"注射其他的药物"。从命题"变量'注射青霉素'的值由于被干预而从'注射 0 毫升'变为'注射 100 毫升'导致变量'X 病的状态'的值由'没被治愈'变为'被治愈了'"可以得出如下因果对照命题:注射 100 毫升青霉素(而不是其他剂量的青霉素)导致 X 病被治愈了(而不是没被治愈)。伍德沃德说道:"如果因果命题表达的是,在假设性的干预之下将会发生什么,那么它们将包含的信息有:原因的明确变化情况与结果的明确变化情况。而这意味着因果命题有着对照结构,意味着对一个结果的因果解释也解释了为什么不是其他的结果发生。"②

---

① James Woodward, *Making Things Happen, A Theory of Causal Explanation*, New York: Oxford University Press, 2003, p.66.

② James Woodward, *Making Things Happen, A Theory of Causal Explanation*, New York: Oxford University Press, 2003, p.146.

虽然干预主义因果理论的因果关系项是变量而不是性质或事件，但是以性质或事件为关系项的因果关系很容易转化为以变量为关系项的因果关系[1]。例如，性质因果关系"中毒导致头晕"就可以被表述为二值变量"中毒"（该变量可以取"中毒"和"没中毒"两个值）与二值变量"头晕"（该变量可以取"头晕"和"不头晕"两个值）之间的因果关系。事件因果关系同样如此，例如，如果"张三中毒导致张三头晕"为真，那么根据干预主义因果理论，如下命题应该为真："如果张三由于受到干预而从'中毒'变为'没中毒'，那么张三将从'头晕'变为'不头晕'。"因果命题"张三中毒导致张三头晕"则实际上是因果对照命题"张三中毒（而不是'没中毒'）导致张三头晕（而不是'不头晕'）。"

本章不打算对干预主义因果理论的正确性进行辩护，而只是将其用于处理因果排斥问题。心理性质或事件显然是能够在干预主义因果理论中承担原因的角色的，通过干预一个人的心理而改变一个人的行为实在是太常见了，例如：足球教练通过激励球员而使他们更积极地投入比赛；电视广告通过引起你的兴趣而让你打开腰包，等等。接下来，本章将从干预主义因果理论的视角来处理因果排斥问题。

---

[1] Peter Menzies, "The Exclusion Problem, the Determination Relation, and Contrastive Causation", in Jakob Hohwy and Jesper Kallestrup, eds., *Being Reduced, New Essays on Reduction, Explanation, and Causation*, Oxford: Oxford University Press, 2008, p. 206.

三 干预主义因果理论视域中的
　　心理因果作用

下面将通过一个具体的例子（有些简单化）来表明，如果从干预主义因果理论的视域出发，心理性质能够成为行为的原因，而心理性质的实现者物理性质则不是行为的原因。

现假设如下情景：一天，待在家里的张三突然非常想喝橙汁，而他又相信冰箱里还有一瓶橙汁（即张三记起他前几天买了一瓶橙汁放在冰箱里），于是张三去从冰箱里拿橙汁。在此情况中，张三的信念"冰箱里有橙汁"是张三的行为"从冰箱拿橙汁"的原因，还是张三的某一个大脑状态 B_1 是张三的行为"从冰箱拿橙汁"的原因呢？

先从金在权的角度来看该问题。金在权曾用斗牛士的斗篷的颜色与斗篷的刺激性之间的关系来类比物理性质与心理性质之间的关系：

> 如果斗牛士的斗篷的颜色是公牛发怒的充足原因，那么还有什么另外的因果工作留给斗篷的刺激性这一性质吗？斗篷的刺激性对于公牛的发怒能够做出它自己独特的贡献吗？答案明显是否定的，因为斗篷的颜色已经成为完全的原因，没有任何额外的因果工作留

给斗篷的刺激性。①

类似地,如果是张三的大脑状态"B_1"实现了张三的信念"冰箱里有橙汁",那么根据金在权接受的"物理因果闭合性原则","B_1"是张三的行为"从冰箱拿橙汁"的充足原因,从而,没有任何因果工作留给张三的信念"冰箱里有橙汁"了,张三的信念"冰箱里有橙汁"陷入了成为副现象的危险之中。于是,金在权提出了功能还原来"挽救"心理性质的因果效力,然而第二章的分析已经表明金在权的功能还原主义并不能达到这一目的。况且金在权的功能还原主义还建立在心理性质能够被功能化这一前提之下,而心理性质是否真的能被功能化是可疑的,因为甚至连"痛"这样简单的心理性质我们都很难给出一个合适的功能定义。

从干预主义因果理论的视角来看,由于信念"冰箱里有橙汁"与行为"从冰箱拿橙汁"都可视为二值变量,所以,如果张三的信念"冰箱里有橙汁"是他"从冰箱拿橙汁"的原因,那么反事实条件句——"如果张三由于受到干预而从'相信冰箱里有橙汁'变为'不相信冰箱里有橙汁',那么张三将由'从冰箱拿橙汁'变为'不从冰箱拿橙汁'"——应该为真。而如果张三的大脑状态 B_1(也可视为二值变量)是

---

① Jaegwon Kim, *Mind in a Physical World*, Cambridge, MA: MIT Press, 1998, p.53.

张三的行为"从冰箱拿橙汁"的原因,那么反事实条件句——"如果张三的大脑由于受到干预而从'处于状态 B_1'变为'不处于状态 B_1',那么张三将由'从冰箱拿橙汁'变为'不从冰箱拿橙汁'"——则应该为真。从而,我们可以通过判断这两个反事实条件句的真假来判断到底是"张三的信念",还是"张三的大脑状态"是"张三的行为"的原因。

先看第一个反事实条件句。现假设另一个情景:当张三正准备去从冰箱里拿橙汁的时候,张三的弟弟告诉张三他已经把橙汁喝掉了,结果张三不再相信冰箱里有橙汁,便不去从冰箱拿橙汁了。应该不会有人认为即使张三信了他弟弟所说的话,他还会去从冰箱拿橙汁,之所以如此,是因为我们相信张三是一个理性的人,如果他相信冰箱里没有橙汁,他定然不会再去从冰箱拿橙汁。戴维森关于人的"理性假设"足以支持反事实条件句——"如果张三由于受到干预而从'相信冰箱里有橙汁'变为'不相信冰箱里有橙汁',那么张三将由'从冰箱拿橙汁'变为'不从冰箱拿橙汁'"。所以,根据干预主义因果理论,张三的信念"冰箱里有橙汁"能够成为张三"从冰箱拿橙汁"的原因。因此,我们完全不需要像戴维森那样复杂地"挽救"心理事件"张三相信冰箱里有橙汁"的因果作用——首先将"张三相信冰箱里有橙汁"还原为一个物理事件,然后再试图将该物理事件纳入一条严格物理定律之中①。

戴维森之所以这么做，是因为他坚持律则性的因果观（Nomological Conception of Causation），认为两个事件要有因果关系，那么二者必须能够被纳入到一条严格定律之中②。由于并不存在严格定律将事件"张三相信冰箱里有橙汁"和事件"张三从冰箱拿橙汁"连接起来，所以戴维森认为，事件"张三相信冰箱里有橙汁"要成为事件"张三从冰箱拿橙汁"的原因，那么二者必须能够被还原为两个物理事件，并且存在一条严格的物理定律将二者连接起来。即使这样的还原真的能够实现，而且确实也存在这样的物理定律，但是，使得事件"张三相信冰箱里有橙汁"导致事件"张三从冰箱拿橙汁"得以可能的性质并不是心理性质"相信冰箱里有橙汁"，而是某一个物理性质 P。而根据干预主义因果理论，我们并不需要先将事件"张三相信冰箱里有橙汁"和事件"张三从冰箱拿橙汁"还原为物理事件，然后再用一条严格的物理定律将二者连接起来，因为"理性假设"能够保证反事实条件句"如果张三由于受到干预而从'相信冰箱里有橙汁'变为'不相信冰箱里有橙汁'，那么张三将由'从冰箱拿橙汁'变为'不从冰箱拿橙汁'"为真，而这足以使得事件"张三相信冰箱里有橙汁"成为事件"张三从冰箱拿橙汁"的原因，并且事件"张三相

---

① Jaegwon Kim, *Philosophy of Mind*, USA：Westview Press, 2006, p. 187.
② Jaegwon Kim, *Philosophy of Mind*, USA：Westview Press, 2006, p. 187.

信冰箱里有橙汁"是通过心理性质"相信冰箱里有橙汁"而得以成为原因的。

那么第二个反事实条件句——"如果张三的大脑由于受到干预而从'处于状态 B_1'变为'不处于状态 B_1',那么张三将由'从冰箱拿橙汁'变为'不从冰箱拿橙汁'"——为真吗?很显然,张三的行为"从冰箱拿橙汁"可以有多个实现者,因为不同的身体动作可以是同一个行为——"从冰箱拿橙汁",况且张三每次从冰箱拿橙汁的身体动作也不可能完全一样。现假设行为"从冰箱拿橙汁"的实现者可以是 B_1^*,B_2^*,……B_n^*,这样的话,即使张三的大脑状态"B_1"不发生,也有可能张三的另一个大脑状态"B_2"发生从而使得"B_2^*"发生,进而使得张三的行为"从冰箱拿橙汁"发生。如果这是可能的,那么反事实条件句"如果张三的大脑由于受到干预而从'处于状态 B_1'变为'不处于状态 B_1',那么张三将由'从冰箱拿橙汁'变为'不从冰箱拿橙汁'"并不一定为真,明显地,因果对照命题"张三的大脑处于状态 B_1(而不是'不处于状态 B_1')使得张三从冰箱拿橙汁(而不是'不从冰箱拿橙汁')"也不为真。所以,张三的大脑状态 B_1 并不是"张三从冰箱拿橙汁"的原因。而因果对照命题"张三相信冰箱里有橙汁(而不是'不相信冰箱里有橙汁')使得张三从冰箱拿橙汁(而不是'不从冰箱拿橙汁')"则为真,所以"张三相信冰箱里有橙汁"的确是"张三从冰箱拿橙汁"的原因。

虽然大脑状态 B_1 不是张三的行为"从冰箱拿橙汁"的原因，但是 B_1 可以是"张三从冰箱拿橙汁"的某一个实现者 B_1^* 的原因，因为反事实条件句"如果张三的大脑由于受到干预而从'处于状态 B_1'变为'不处于状态 B_1'，那么张三的身体状态将从'处于状态 B_1^*'变为'不处于状态 B_1^*'"应该是为真的。所以，大脑状态 B_1 也许是"张三从冰箱拿橙汁"的充足条件，但是并不是"张三从冰箱拿橙汁"的原因，从中我们可以明白"充足条件"与"原因"之间的差异：如果 X 是 Y 的充足条件，那么 X 仅仅告诉了我们 Y 在什么情况下会发生，而如果 X 是 Y 的原因，那么 X 除了告诉我们 Y 在什么情况下会发生之外，还告诉了我们 Y 在什么情况下不发生。

以上分析的是意向性的心理状态为何能够具有因果效力，那么现象性的心理状态能否产生行为结果呢？例如"痛"能否成为"喊叫"的原因呢？如果"痛"是"喊叫"的原因，那么反事实条件句——"如果张三由于受到干预而从'不痛'变为'痛'，那么张三将从'不喊叫'变为'喊叫'"——应该为真。然而我们该如何判断该反事实条件句的真假呢？其他情况相同定律（Ceteris Paribus Law）可以帮助我们作出判断。例如，"在张三的嘴巴没被封住，环境允许张三喊叫的情况下，如果张三感到痛，那么他将喊叫"这一其他情况相同定律足以使得我们能够判断反事实条件句"如果张三由于受到干预而从

'不痛'变为'痛',那么张三将从'不喊叫'变为'喊叫'"的真假。正如福多所言:

> 如果有一条其他情况相同定律 M→B,那么在其他情况相同的时候,如果 M 发生,那么 B 将发生。因此,其他情况相同定律有着非凡的意义,因为它刻画出了"在其他情况相同的时候,M 导致 B"这一有着实质内容的命题与"除开 M 不导致 B 的时候,M 将导致 B"这一内容空洞的命题之间的差异。[1]

因此,根据干预主义因果理论,跟意向性的心理状态一样,现象性的心理状态也能够具有因果效力。

四 干预主义因果理论视域中的因果排斥问题

克伦·班尼特(Karen Bennett)将因果排斥问题简练地概括为如下四个论题之间的冲突:(1)心理性质不等同于物理性质;(2)每一个物理事件都有充足的物理原因;(3)心理事件通过心理性质能够引起物理事件;(4)心理原因的结果不是

---

[1] Jerry Fodor, "Making Mind Matter More", *Philosophical Topics*, Vol. 17, No. 11, 1989, p. 73.

过度决定的[①]。很明显这四个论题是冲突的，而且大多数物理主义者会认为心理性质的因果效力受到了排斥。

如果通过上文的具体例子将因果排斥问题表达出来，那么就是如下五个命题之间的冲突：（1）心理事件 M（张三相信冰箱里有橙汁）引起行为事件 B（张三从冰箱拿橙汁）；（2）M 由大脑状态 B_1 实现；（3）M 不等同于 B_1；（4）B 有着充足的物理原因（假设是 B_1）；（5）B 没有两个或两个以上的充足原因。这五个命题很明显是冲突的，并且心理事件 M 的因果作用遭到了 B_1 的排斥。

然而，经分析可发现，这五个命题要产生冲突实际上还需要两个预设：行为事件是物理事件，大脑状态是物理状态。大多数讨论因果排斥问题的学者（包括金在权）其实都默认了这两个预设，从而"悄悄地"将心—身因果作用问题转换成了心—物因果问题。也正因为将心理事件对行为事件的因果作用"偷换"成了心理事件对物理事件的因果作用，才使得心理事件的因果作用仿佛受到了物理事件的排斥。

不过，即便这两个预设是成立的，即行为事件就是物理事件，大脑状态就是物理状态，我们实际上也不能断定心理事件因为受到了物理事件的排斥而无法具有因果效力，因为前文的分析已经表明物理因果闭合性原则并没有得到经验证据的充分

[①] Karen Bennett, "Mental causation", *Philosophy Compass*, Vol. 2, No. 2, 2007, pp. 316-337.

辩护，而且我们很难给出一个恰当的关于"物理的"的定义，从而无法判断物理因果闭合性原则的真假。

如果抛开物理因果闭合性原则，因果排斥问题实际上可以更一般地理解为低层次性质对高层次性质的因果效力的排斥。然而这样的排斥能够形成吗？例如，上个例子中的大脑状态"B_1"（低层次）能够排斥心理事件"张三相信冰箱里有橙汁"（高层次）的因果效力吗？上文的分析已经表明，根据干预主义因果理论，大脑状态"B_1"并不是行为事件"张三从冰箱拿橙汁"的原因，所以，大脑状态"B_1"并不能排斥"张三相信冰箱里有橙汁"的因果效力。也许大脑状态"B_1"所在的层次是因果闭合的，但是该层次是否因果闭合与心理事件"张三相信冰箱里有橙汁"对于行为事件"张三从冰箱拿橙汁"的因果效力并不相关，因为因果关系自身的特性决定了"B_1"与"张三从冰箱拿橙汁"没有因果关联，从而"B_1"与"张三相信冰箱里有橙汁"之间并无"竞争"。甚至可以认为，心理事件"张三相信冰箱里有橙汁"排斥了大脑状态"B_1"对于行为事件"张三从冰箱拿橙汁"的因果效力。

"不存在过度决定"原则一般被表述为"没有哪一个事件有着两个或两个以上的充足原因"，伍德沃德认为，如此多的学者之所以使用"充足的原因"来表述该原则，明显是受了律则覆盖律模型（D–N模型）的影响而不自觉地将"原因"视为了"律则充足条件"（Nomologically Sufficient Conditions）[①]。如果采用干预主义因果理论，那么我们可以将该原则重新表述为："如果事件 c 引起事件 e，那么不会有另一个不同于 c 的事件 c* 也引起事件 e"，也可以表述为："实现性质与被实现性质不能都是某一个性质的原因"，或者还可以表述为："随附性质与基础性质不能都是某一个性质的原因。"

实际上，非还原物理主义者此前面临的所谓"因果排斥问题"不仅使得心理性质的因果效力受到了威胁，还使得任何非物理性质都有成为"副现象"的危险。因为只要承认非物理性质随附于物理性质，非物理性质由物理性质实现，并且接受"物理因果闭合性原则"与"不存在过度决定原则"，那么非物理性质将失去因果效力。然而现实情况是，特殊科学（化学、生物学等）是我们解释和预测现象的重要手段，并且特殊科学发展得如火如荼，并未呈现出任何明显的能够被物理学取代的趋势，而这实际上也从侧面反映了"因果排斥问题"的不合理性。如果将上文关于心理性质的因果效力的论证也运用于其他的非物理性质，那么这些非物理性质的因果效力也将得到辩护，而这应该也解释了为何存在特殊科学——因为特殊科学能够把握到正确的因果关系。

[①] James Woodward, "Mental Causation and Neural Mechanisms", in Jakob Hohwy and Jesper Kallestrup, eds., *Being Reduced, New Essays on Reduction, Explanation, and Causation*, Oxford: Oxford University Press, 2008, pp. 218–219.

综上分析，可以得出如下结论：因果排斥问题之所以会出现，成为一个困扰非还原物理主义者的难题，是因为这些非还原物理主义者接受了一个并不那么可靠的原则——物理因果闭合性原则；另外，这些非还原物理主义者的因果观是混乱的，如果采取一种更为恰当的因果观——干预主义因果理论，那么心理性质能够成为行为的原因，且"因果排斥问题"也不存在了。

附 录 一

"性质二元论"可靠吗?

根据笛卡尔的二元论,人不仅有身体,而且有心灵(灵魂),作为物理实体(Physical Substance),身体的本质特性是有广延无思维,作为心理实体(Mental Substance),心灵的本质特性是有思维无广延,身体与心灵绝不可能具有同一类性质。因此,笛卡尔的二元论既是实体二元论(Substance Dualism),也是性质二元论(Property Dualism)[①]。

20世纪中叶以来,随着自然科学的发展,物理主义开始兴起,并逐渐成为占统治地位的哲学本体论,笛卡尔的二元论则日益边缘化。物理主义否认存在心理实体,声称世界上的一切实体都是"物理的",所以物理主义是一种实体一元论,在这一本体论框架下,人不再是身体和心灵的结合体,而是一种复

[①] 在当前心灵哲学的讨论中,性质二元论一般指的是物理主义本体论框架下的性质二元论,所以,当下文再出现"性质二元论"时,其指的是物理主义的性质二元论,而不是笛卡尔的实体二元论所蕴含的性质二元论。

杂的物理实体，感觉、信念、欲望等则是人能够具有的性质。20 世纪 50 年代后期，普雷斯、费格尔和斯马特等人相继提出"心—脑同一论"，认为心理性质实际上就是物理性质，就好比水是 H_2O 分子、基因是 DNA 序列、热是平均分子动能[1]。然而此后，普特南和福多指出心理性质有着"多重可实现性"，查尔莫斯（David Chalmers）则断言感受性质（Qualia）无法被功能还原，于是乎，心理性质不再被认为同一于物理性质，性质二元论日渐成为当代心灵哲学中的重要本体论学说。正如金在权所言："物理主义是讨论的起点，而不是需要辩护的结论。"[2]"在当代心灵哲学的讨论中，实体二元论已经没有什么地位，……二元论不再是两种实体的二元论，而是两种性质的二元论，即心理性质和物理性质。"[3]

然而，性质二元论真的如金在权所说的这么可靠吗？其果真比笛卡尔的实体二元论更具优越性吗？未必如此。其实，当很多物理主义者宣称"所有实体都是物理实体"的时候，并没有对"实体"这一形而上学概念进行深究，"实体"的意义实际上是不明确、不清晰的。关于到底什么是"实体"，当前主要有两大理论，分别是"捆束理论"（Bundle Theory）和"基体理论"（Substratum Theory），本章将通过分析指出，当我们

---

[1] J. J. C. Smart, "The Mind/Brain Identity Theory". in *Stanford Encyclopedia of Philosophy*, https://plato.stanford.edu/entries/mind-identity/, 2007.
[2] Jaegwon Kim, *Philosophy of Mind*, Boulder: Westview Press, 2006, p. 274.
[3] Jaegwon Kim, *Philosophy of Mind*, Boulder: Westview Press, 2006, p. 51.

用这两种理论来阐明"实体"概念后,我们将发现,性质二元论和物理主义实际上是难以相容的,并且,承认性质的二元划分意味着打开了滑向实体二元论的大门。此外,本章还认为,就算性质二元论作为一种理论在逻辑上是站立得住的,其仍然要面临其他难题。

一 "捆束理论"与性质二元论

当我们想到某个物体的时候,它所拥有的各种性质(特征)必然会进入我们的脑海,一个没有任何性质的物体是无法想象的。如果将一个物体的所有性质全部剥离,还会有什么剩下呢?这实在是个难以回答的问题。正是基于这样的直觉,关于实体的捆束理论认为,实体本身就一束性质,除此之外,别无其他。

作为捆束理论的典型代表,休谟在谈到"自我"时说道:"当我与所谓的'我自己'亲密'接触'时,我'遇到的'只不过是一些特殊的知觉,例如冷或热,明或暗,爱或恨,痛苦或者快乐。我永远无法在没有任何知觉的情况下与'我自己'相交,我经验不到知觉之外的任何东西。"[1] 在休谟看来,并没有所谓的"自我"这一实体,"自我"只不过是一束知觉。和

---

[1] Howard Robinson, "Dualism", in *Stanford Encyclopedia of Philosophy*, https://plato.stanford.edu/entries/dualism/, 2020.

休谟不同，经验主义的另一重要人物贝克莱相信存在灵魂这样的心理实体，却否认存在物理实体，认为"物是观念的集合"，所以，贝克莱可以被视为关于物理实体的捆束论者。当代学者班尼特（Jonathan Bennett）说道："当我说'这是一个桔子'这句话的时候，其实只不过是在说，这里有一些性质的实例，例如橙色、球形等，而且，这句话意味着我以某种方式将我关于这些性质的观念结合在了一起。"① 这段话可谓道出了捆束理论的实质。

因此，根据捆束理论，性质是比实体更为基础的存在，而且实体完全由性质构成。当然，并不是任何一束性质都可以成为一个捆束（a bundle），从而构成物体（具体的实体）。那么，究竟是什么将一束性质统合为实体呢？关于这一问题，罗素提出，一束性质之所以能够构成可以持存的实体，是因为这一束性质之间存在着复杂的共存关系，以至于任何多余的性质都无法再被加进来，因为被加进来的性质将至少与这一束性质中的某一个性质无法共存②。当然，罗素的这一回答是可以质疑的。不过接下来，本章将假设关于实体的捆束理论是正确的，并在此前提之下分析性质二元论的合理性。

如果捆束理论为真，那么实体只不过是一束性质，从而，

---

① Howard Robinson, "Substance", in *Stanford Encyclopedia of Philosophy*, https：//plato. stanford. edu/entries/substance/, 2018.
② Bertrand Russell, *Human knowledge：Its scope and limits*, London：Allen and Unwin, 1948, p. 312.

人也由一束性质构成。性质二元论认为,人有着不可被还原为物理性质的心理性质,所以,人由两类性质构成,然而如此一来,人还是物理实体吗?显然不是,因为作为人的构成部分的心理性质"有权"决定人属于哪一类实体。因此,既然人由两类性质构成,那么合乎逻辑的结论是,人是一种"混合"实体——由心理性质和物理性质混合而成,而非纯粹的物理实体。

面对这一结论,性质二元论者可以反驳道:尽管人是"混合性"的,但仍然是物理实体,因为人作为一种复杂的物理实体可以同时例示心理性质和物理性质。然而这成立吗?如果一个人相信一块石头可以例示心理性质,那么他显然是泛灵论者,而在泛灵论者的眼中,石头当然不是物理实体,既然如此,为什么我们应该相信例示了心理性质的人仍然是物理实体呢?难道就因为人是比石头更为复杂的实体吗?似乎并没有这样的逻辑。更何况在捆束理论的框架下,并不是人"例示"心理性质和物理性质,而是人完全由二者构成,这样一来,我们更不能认为"混合性"的人仍然是物理实体了。

性质二元论者也许还可以这样反驳:由于物理性质较之于心理性质有着本体论上的优先性,所以决定人的实体类别的是物理性质,从而人是物理实体。然而,根据性质二元论,虽然心理性质随附于物理性质[①],但是心理性质并不能被还原为物

[①] 心理性质随附于物理性质是物理主义的基本要求,如果否认心理性质随附于物理性质,那么"性质二元论"将不是物理主义框架下的二元论。

理性质，心理性质是不同于物理性质的存在物，因此，物理性质在本体论上的优先性并不意味着心理性质的非实在性，从而，人是由实在的物理性质和实在的心理性质构成的，人理应是"混合实体"。

此外，性质二元论者还能够给出的一个反驳是：就算人是"混合性"的，但是人是处在时空中的，是有形体的，所以人本质上是"物理的"。这一反驳实际上是接受了笛卡尔的观点——是否有广延是区分物理实体和非物理实体（心理实体）的标准。然而，非物理实体一定是没有广延的吗？并不一定。作为一位非笛卡尔式的实体二元论者，洛伊（E. J. Lowe）认为，自我不同于身体，之所以不同，是因为自我和身体有着不同的持存条件，例如，一个人的大脑中的神经元可以部分地用硅基人工神经元进行替代，替代过后，这个人的身体的物理成分显然已经变了，但是这个人的自我却没有变，这一设想是符合直觉的，因此，自我不同于身体[1]。不过，和笛卡尔不同的是，洛伊主张："……我既不认为自我可以和身体相分离，也不认为自我非得没有广延。没有身体，自我是不可能存在的，而且自我可以占据空间，从而拥有一些空间属性，例如形状、大小和空间位置。"[2] 洛伊的"自我"虽然有广延，却是"非

---

[1] E. J. Lowe, "Non-Cartesian substance dualism and the problem of mental causation", *Erkenntnis*, Vol. 65, No. 1, 2006, p. 9.

[2] E. J. Lowe, "Non-Cartesian substance dualism and the problem of mental causation", *Erkenntnis*, Vol. 65, No. 1, 2006, p. 8.

物理的"。所以，性质二元论者并不能通过"广延"来保证人是物理实体。

通过以上分析可以发现，在捆束理论的框架下，性质二元论中的人并不能成为真正的物理实体，只能是一种"混合"实体，从而，世界上有了两类实体，一类是物理实体，另一类是由心理性质和物理性质构成的"混合"实体。因此，如果捆束理论为真，那么性质二元论和物理主义是难以兼容的，而且承认性质的二元划分的结果是走向实体二元论。

其实，就算能够表明"混合"实体是物理的，捆束理论框架下的性质二元论者仍然需要解释这样一个问题：心理性质和物理性质何以能够构成实体，即二者何以能够出现在同一个捆束之中？虽然实体由性质构成，但是并不是任何性质都可以共存，并不是任何性质都可以构成一个捆束（一个物体），例如，物理学定律告诉我们"一个物体不能既有质量又达到光速"。根据笛卡尔的实体二元论，物理实体只能例示物理性质，心理实体只能例示心理性质，没有哪个实体可以同时例示两类性质，当然，性质二元论者可以不接受笛卡尔的二元划分，但是，性质二元论者至少还是应该解释，物理性质和心理性质为什么能够出现在一个捆束之中——而且物理性质和心理性质有着相反的特征[①]，如果性质二元论者无法对此给出令人满意的

---

① 比如，物理性质可被公共观察，心理性质则有着私密性，不能被公共观察。

回答，那么，我们为什么不能认为人的心理性质和物理性质各自构成一个捆束，并且其中一个是心灵，一个是身体呢？

二 "基体理论"与性质二元论

作为一种实体理论，捆束理论其实存在着自身的困境。比如，如果 A 和 B（例如两个微观粒子）有着完全相同的性质，那么根据莱布尼兹的"身份不可分辨原则"（the Law of Identity of Indiscernibles）①，A 和 B 将是同一个物体，但是，A 和 B 并不是同一个物体②。另外，既然并不是任何一束性质都可以构成一个物体，那么为什么共存关系就可以让一束性质成为一个捆束，从而成为一个物体呢？例如，物体 A 和物体 B 各自的某一个性质在某一时刻都是存在的，也就是说这两个性质是共存的，但是显然，这两个性质并没有构成一个物体。因此，共存关系并不足以使一束性质成为一个物体。

捆束理论的困境不免让人怀疑实体是否真的完全由性质构成。不同于"捆束理论"，关于实体的"基体理论"认为，除了性质之外，实体还有另一个构成部分——基体。基体不是性质，却是性质的"载体"，基体和"附着"于其上的性质共同

---

① 根据莱布尼兹的"身份不可分辨原则"，如果 X 和 Y 的所有性质是相同的，那么 X 和 Y 是同一的。
② Howard Robinson, "Substance", in *Stanford Encyclopedia of Philosophy*, https://plato.stanford.edu/entries/substance/, 2018.

构成了实体。作为性质的"载体",基体有四大作用:(一)将性质联结在一起,确保它们不是"松散"的;(二)使作为共相的性质殊相化;(三)填充性质与实体之间的范畴"鸿沟";(四)使具有相同性质的实体能够被区分开来[1]。在哲学史上,柏拉图在《蒂迈欧篇》中提到的性质的"容器",以及亚里士多德的"质料因"等都承担着类似于"基体"的功能。

由于是性质的"载体",基体总是和性质"粘结"在一起,所以无法被直接感知,从而,基体是"朦胧的"且"隐蔽的"。除了"不是性质"和"是性质的'载体'",我们难以对基体做出更多描述。就像洛克所说的,关于基体,我并不知道什么[2]。虽然基体是捉摸不定的,但是基体论者仍然认为,对于理解实体,基体是必要的。

阿姆斯特朗(D. M. Armstrong)认为,不承载任何性质的"光秃"的基体要么仍然具有某种形而上的属性[3],要么不再具有任何属性[4]。作为后一种看法的支持者,马丁(C. B. Martin)讲道:"基体本身并无法被划为某个类别。如果一组性质构成

---

[1] Howard Robinson, "Substance", in *Stanford Encyclopedia of Philosophy*, https://plato.stanford.edu/entries/substance/, 2018.

[2] Susan Schneider, "Non-Reductive Physicalism and the Mind Problem", *Noûs*, Vol. 00, No. 0, 2011, p. 4.

[3] D. M. Armstrong, *A combinatorial theory of possibility*, Cambridge: Cambridge University Press, 1989, p. 59.

[4] D. M. Armstrong, *A world of states of affairs*, Cambridge: Cambridge University Press, 1997, p. 108.

了一个类别，并且这组性质'附着'于一个基体，那么该基体和这组性质作为整体方能成为一个可被分类的物体。"①

如果坚持后一种看法，那么基体将是"中性的"——既不是物理的，也不是心理的。既然基体是"中性的"，那么由基体、物理性质和心理性质构成的人的类别将只由物理性质和心理性质二者决定，这样的话，人是什么类别的实体呢？合乎逻辑的结论是，人是一种"混合"实体，而不是纯粹的物理实体。

假如接受前一种看法，即基体本身具有某种形而上的属性，性质二元论和物理主义是否可以相容呢？二者在逻辑上要相容，如下两个条件缺一不可：（一）构成人的基体是物理的；（二）心理性质是人的偶然性质。然而，这两个条件都是成问题的。

关于第一个条件，我们可以提出的疑问是：什么是"物理的"呢？我们并没有关于"物理的"先验标准，诉诸物理学是我们的最佳选择，我们可以认为物理性质即当前的物理学所承认的性质，或许还要加上将来的物理学可能会承认的性质。作为物理学的本体论承诺，物理性质在原则上应该能够接受经验的检验，然而，基体的属性是形而上的，无法接受经验检验，所以，基体无法是"物理的"。也许，性质二元论者可以

---

① C. B. Martin, "Substance substantiated", *Australasian Journal of Philosophy*, Vol. 58, No. 1, 1980, p. 7.

假设广延是基体的属性，并以此认定基体是"物理的"，然而，洛伊对此已经提出了质疑——有广延的不一定是物理的。当然，性质二元论者可以不认可洛伊的质疑，并坚持广延就是基体的属性，可是，如果基体的属性是广延，那么基体就和笛卡尔式的物理实体相似了，如此一来，性质二元论者将面临和笛卡尔所遭遇的难题相类似的问题——以广延为属性的基体缘何能够成为心理性质的"载体"呢？

另外，心理性质是否可以是人的偶然性质呢？首先，性质二元论意味着人不仅有物理性质，还有不可被还原的心理性质；再者，性质二元论的物理主义属性意味着心理性质随附于物理性质。从而，只要人的物理性质存在，心理性质必然也存在。所以，性质二元论者假设心理性质是人的偶然性质也是不成立的。

既然作为人的构成部分之一的基体无法是"物理的"，再加上人的心理性质也不是偶然性质，那么由基体、物理性质和心理性质构成的人显然更应该是"混合"实体，而不是纯粹的物理实体。

根据上述分析可以发现，在基体理论的框架下，不管基体本身有无属性，性质二元论中的人只能是一种"混合"实体，无法成为真正的物理实体。这样的话，和捆束理论的情况一样，世界上有了两类实体，不过，和捆束理论不同的是：物理实体之外的另一类实体是由物理性质、心理性质和基体三种成分构成的"混合"实体。因此，如果接受关于实体的基体理论，性质二元论和物理主义也是难以兼容的，而且承认性质的二元划分的结果同样是走向实体二元论。

三 性质二元论面临的其他难题

关于性质二元论，丘奇兰德（Paul Churchland）曾经讲道：

> 如果真的有这么一个不一样的实体——推理、情感和意识都发生于其中，并且该实体仅仅需要大脑提供作为输入的感官经验和帮忙输出意志执行，那么我们可以预料，即使大脑受到了操纵或损伤，推理、情感和意识也不太会受到影响，然而实际情况却恰恰相反，所以，这一事实几乎是对实体二元论的彻底反驳，而性质二元论则不受这一事实的影响，因为和物理主义一样，性质二元论认为大脑是所有心理活动的场所。①

其实，笛卡尔并没有认为心灵仅仅需要大脑提供作为输入的感官经验和帮忙输出意志执行，在笛卡尔看来，心灵和身体

---

① Paul Churchland, *Matter and consciousness*, Cambridge：Bradford Books/MIT Press, 1984, p. 20.

是紧密地结合在一起的，心灵与身体的关系绝非船员与船的关系，心灵并不像船员待在船上那样住在身体之中。可是，不处在空间中的没有广延的心灵如何与身体紧密地结合呢？这是笛卡尔难以解释的。和笛卡尔的实体二元论相比，性质二元论的确能够更好地解释心理活动与神经活动之间的密切相关性，这是性质二元论的优越之处，也是性质二元论被广泛接受的重要原因。

在当前的科学知识背景下，笛卡尔式的实体二元论确实显得有些怪异，因为我们无法想象自然选择"筛出"了笛卡尔式的非物理的心灵。然而，我们在直觉上可以接受，在漫长的进化过程中，复杂的大脑慢慢地产生了心理性质。但是，合乎直觉并不能掩盖问题——大脑如何产生主观性的感受和有着意向性的心理状态，心理活动和心理内容的规范性如何从一个原来没有这些的物理世界中产生了出来？面对这些问题，有性质二元论者提出，心理性质是基础性的，就像电磁现象一样。然而，这一观点并不合理，正如丘奇兰德所说：

> 认为心理现象类似于电磁现象，这样的观点可以被称为基础性质二元论（Elemental Property Dualism），但是，该观点有着明显的错误。从亚原子层次一直往上，所有层次的实在都存在着电磁现象，而心理性质只在有着非常复

杂的内在结构的物理系统中呈现，所以它们根本就不是基础性的。[1]

无法说明心理因果何以可能，这是笛卡尔实体二元论的公认难题，对于该问题，性质二元论是否可以从容面对呢？和实体一样，性质也可以处在空间之中，例如，苹果的颜色处在苹果的表面，一瓶水的温度的分布可以不均匀。但是，我们很难认为心理性质是空间性的，比如，我们无法说一个信念是有广延的、有位置的，也无法说一个欲望是有形状的，既然如此，作为非空间性的心理性质的例示的心理事件又如何能够与发生在某个位置的物理事件发生因果关系呢？对此，查尔莫斯曾经试图提出原初心理—物理定律（Primitive Psychophysical Law）予以解决[2]，可是，这样的原初心理—物理定律为什么就不能存在于笛卡尔式的心灵与身体之间呢？所以，心理因果作用何以可能不仅是笛卡尔的梦魇，也是性质二元论者的困境。也许，性质二元论者可以不承认心理性质有因果效力，即主张副现象论，然而，否认心理性质的因果效力会导致一个严重的后果——人无法成为道德主体。

本章的分析表明，当采用当前两大主要的实体理论（捆束

---

[1] Paul Churchland, *Matter and consciousness*, Cambridge: Bradford Books/MIT Press, 1984, pp. 12–13.

[2] 参见 David Chalmers, *The conscious mind*, Oxford: Oxford University Press, 1996。

理论和基体理论）对"实体"这一形而上学概念进行了阐明之后，性质二元论和物理主义实际上是难以相容的。一方面，具有心理性质的物理实体其实并无法成为真正的物理实体；另一方面，性质二元论会"滑向"实体二元论。因此，作为一种本体论，性质二元论自身的逻辑融贯性是存疑的。要在逻辑上站立得住，也许性质二元论者应该从"实体"入手，找寻一种合适的关于实体的形而上学理论，而不是简单地断言：所有实体都是物理实体，并且部分物理实体可以具有心理性质。另外，就算不管性质二元论自身的逻辑融贯性问题，笛卡尔的实体二元论面临的两大难题（心灵的存在问题与心灵的因果效力问题）在性质二元论这里变成了同样棘手的问题——心理性质的存在问题和心理性质的因果效力问题。

在当代心灵哲学的很多讨论中，性质二元论往往被作为分析问题的理论框架，其可靠性一般是不会被质疑的，但现在看来，性质二元论并非如金在权所说的那么可靠。因此，当面对心灵哲学中的问题的时候，我们完全可以跳出性质二元论，在其他的本体论框架下寻求不一样的解答。

附 录 二

"殊型物理主义"辨析

20世纪初期，盛行的逻辑经验主义大力地宣扬科学统一，认为所有的科学都将被还原为物理学。然而，科学并未按照逻辑经验主义所言的轨迹发展，反倒是特殊科学不断涌现，科学分化得越来越细。特殊科学之所以特殊，就在于它用不同于物理学的语言给出了关于世界某部分领域的特殊的描述和解释。

对于特殊科学的存在，福多有着严重的困惑："为什么除了物理学之外还有别的科学？……我承认我不知道为什么。我甚至不知道如何去思考为什么。"[①] 福多之所以如此困惑，原因可能在于，首先，他相信属于特殊科学本体论的所有实体都可以通过属于微观物理学本体论的实体来构成和实现；再者，在他看来，微观物理学定律在微观领域是完全的，即如果我们知

[①] Jerry Fodor, "Special Science: Still Autonomous After All These Years", *Noûs*, Vol. 31, No. 11, 1997, p. 161.

道某系统在时刻 t 的微观物理状态，那么通过微观物理学的基础定律我们将知道该系统在时刻 t*（晚于 t）的微观物理状态。如果福多的这两个信念是正确的，那么，特殊科学确实应该能够被还原为物理学。但是，还有一个福多不得不承认的事实，即存在特殊科学，且特殊科学包含许多用属于自己的语词表达的定律这一事实再明显不过了[1]。这样的情况让福多无所适从。

终于，福多找到了消除自身困惑的办法。在《特殊科学》（别名：《科学不统一作为工作假说》）一文中，福多通过"多重可实现"论证提出了"殊型物理主义"（Token Physicalism），并认为殊型物理主义解释了为何存在自主的、不可还原的特殊科学。在该文之后的《特殊科学：多年后仍然是自主的》一文中，福多再一次肯定了他的观点，并声称"……我强烈地认为心理状态是多重可实现的，而这一事实一劳永逸地拒斥了心物还原"[2]。

然而本章认为，如果接受福多的殊型物理主义，那么必须接受特殊科学在原则上是可还原的，即便特殊科学所研究的性质是多重可实现的。而且，福多的多重可实现论证并不能表明特殊科学的不可还原性，而只是告诉我们特殊科学的

---

[1] Barry Loewer, "Why Is There Anything Except Physics?", *Synthese*, Vol. 170, 2009, pp. 218–219.

[2] Jerry Fodor, "Special Science: Still Autonomous After All These Years", *Noûs*, Vol. 31, No. 11, 1997, p. 149.

还原要比想象中的困难得多。另外，即使特殊科学原则上是可还原的，也不能排除特殊科学能够在另外一种意义上有着自主性。

一　福多的"殊型物理主义"

假设 $S_1x \rightarrow S_2y$ 是一条特殊科学定律，其中 S_1 和 S_2 是特殊科学谓词（福多将该定律理解为事件"x 例示 S_1"引起事件"y 例示 S_2"）[1]，另外，还假设存在物理定律 $P_1x \rightarrow P_2y$，其中 P_1 和 P_2 是物理谓词，并且，存在桥接定律 $P_1x \leftrightarrow S_1x$ 和 $P_2y \leftrightarrow S_2y$，根据上述假设，特殊科学定律 $S_1x \rightarrow S_2y$ 将能够从物理定律 $P_1x \rightarrow P_2y$ 导出。

关于桥接定律中的"$\leftrightarrow$"可以有多种理解。如果桥接定律中的"$\leftrightarrow$"表达的是蕴含关系，那么从"$P_1x \rightarrow P_2y$""$P_1x \leftrightarrow S_1x$""$P_2y \leftrightarrow S_2y$"可以导出 $S_1x \rightarrow S_2y$，但是蕴含关系不能保证物理主义的本体论，例如，假设 $S_1x \rightarrow S_2y$ 是一个心理学定律，$P_1x \rightarrow P_2y$ 是一个神经生理学定律，如果分别连接 P_1x 和 S_1x、P_2y 和 S_2y 的"$\leftrightarrow$"是蕴含关系，那么莱布尼兹的平行论也能够保证 $S_1x \rightarrow S_2y$ 从 $P_1x \rightarrow P_2y$ 导出。如果"$\leftrightarrow$"表达的是同延关系，上述"导出"同样可以实现，但是我们又需要进一步解释

---

[1] Jerry Fodor, "Special Science", in Richard Boyd and Philip Gasper and J. D. Trout, eds., *The Philosophy of Science*, Cambridge, Massachusetts: The MIT Press, 1993, p. 428.

为何 P_1 和 S_1、P_2 和 S_2 有着同延关系。如果"↔"表达的是因果关系,上述"导出"照样能实现,然而,这会导致 $S_1 x$ 和 $S_2 y$ 是"副现象"的结果。

在福多看来,只有当"↔"表达的是同一关系即"每一个由 x 例示 S_1 构成的事件同一于每一个由 x 例示 P_1 构成的事件"时,才能避免以上问题①。如果"↔"表达的是这样一种事件之间的同一关系,那么这就是福多所提倡的"殊型物理主义","殊型物理主义指的是所有科学谈论的事件都是物理事件"②。福多认为,虽然每一个由 x 例示 S_1 构成的事件同一于每一个由 x 例示 P_1 构成的事件,但是这并不意味着 S_1 同一于 P_1,如果认为 S_1 同一于 P_1,那么这就是"类型物理主义"(Type Physicalism),类型物理主义是指"每一个在任何科学定律中提及的性质都是物理性质"③。类型物理主义显然要强于殊型物理主义,如果类型物理主义为真,那么殊型物理主义必然为真;殊型物理主义为真,类型物理主义却不一定为真。另外,福多将还原主义定义为"还原主义是殊型物理主义和另外一个观点的结合,该观点是:对于每一个属于理想的、完全的特殊

---

① Jerry Fodor, "Special Science", in Richard Boyd and Philip Gasper and J. D. Trout, eds., *The Philosophy of Science*, Cambridge, Massachusetts: The MIT Press, 1993, p. 431.
② Jerry Fodor, "Special Science", in Richard Boyd and Philip Gasper and J. D. Trout, eds., *The Philosophy of Science*, Cambridge, Massachusetts: The MIT Press, 1993, p. 431.
③ Jerry Fodor, "Special Science", in Richard Boyd and Philip Gasper and J. D. Trout, eds., *The Philosophy of Science*, Cambridge, Massachusetts: The MIT Press, 1993, p. 431.

科学的自然类谓词，都有一个属于理想的、完全的物理学的自然类谓词与之对应"①。

在《特殊科学》一文中，福多并未对"定律"和"自然律"两个概念进行区分，两个概念通篇是混着使用的。福多将科学定律视为自然律，并认为以自然类概念为谓词的全称概括是自然律，而出现在自然律中的类则是自然类，这一定义有着明显的循环定义之嫌，然而，福多却毫不避讳地承认"我不知道如何逃出这一循环"，并说道："即使现在对之处于无知状态，我也倾向于这样进行说明，并接受这样的结果，即在说明中接受'类'这一模糊概念严重地依赖于同样模糊的概念'定律'和'理论。'"② 如果有了"自然类"和"自然律"这两个概念，"类型物理主义"支持的就是如下观点：特殊科学中的自然类——对应于物理学中的自然类，所以，福多所定义的"还原主义"实际上等同于他所说的"类型物理主义"。

类型物理主义要求特殊科学的自然类和物理自然类——对应，然而，这样的对应关系存在吗？福多的回答是否定的。福多指出：

每一个自然类对应于物理自然类是不大可能的，理由

---

① Jerry Fodor, "Special Science", in Richard Boyd and Philip Gasper and J. D. Trout, eds., *The Philosophy of Science*, Cambridge, Massachusetts: The MIT Press, 1993, p. 431.
② Jerry Fodor, "Special Science", in Richard Boyd and Philip Gasper and J. D. Trout, eds., *The Philosophy of Science*, Cambridge, Massachusetts: The MIT Press, 1993, p. 432.

是：(1) 关于"在物理描述上完全不同的事件"的有吸引力的全称概括能够经常被做出（如，支持反事实条件句的全称概括）；(2) 被纳入到这些全称概括中的事件的物理描述是否有任何共同之处与这些全称概括的真值完全无关，也与它们的吸引度、确证，或它们的任何知识论上的重要性质完全无关；(3) 特殊科学的工作就是做出这样类型的全称概括。[1]

福多通过经济学中的格雷厄姆定律（Gresham's Law）对以上观点进行了具体说明：

> 假定，格雷厄姆定律是为真的。……格雷厄姆定律告诉我们的是特定的情况下在货币交易中将会发生什么，……但是简单的考虑将告诉我们覆盖所有这些事件的物理描述肯定是差异极大的。一些货币交易用的是一串贝壳，一些用的是美元，一些是通过在支票上签上自己的名字。覆盖所有这些事件的物理谓词通过析取组合在一起（也就是处在桥接定律"x 是货币交易↔……"右边的析取谓词 < Disjunctive Predicate > ）表达一个物理类的概率

---

[1] Jerry Fodor, "Special Science", in Richard Boyd and Philip Gasper and J. D. Trout, eds., *The Philosophy of Science*, Cambridge, Massachusetts：The MIT Press, 1993, p. 433.

是多少呢?[1]

在这段话中,福多提到的格雷厄姆定律说的是:在货币交易中,价值低的货币会将价值高的货币从市场流通中挤出。例如,纸币就取代了以往的银、铜等成为交易中最主要货币。但是,不管在货币交易中使用的货币由什么构成,其结构如何,格雷厄姆定律都是为真的。根据福多的看法,格雷厄姆定律中的性质"……是货币交易"在物理层面上是多重可实现的,因为货币可以是金子,可以是银子等等,甚至存在虚拟的电子货币,我们找不到性质"……是货币"的多样化的物理实现者的任何物理上的共同之处,使得格雷厄姆定律具有解释力、能够支持反事实条件句的因素似乎不在物理领域。福多认为,即使拉普拉斯的全知精灵知道某一经济体在时刻 t 的所有物理状态 Q_1,并通过物理定律解释了该经济体为何在之后的时刻 t^* 的物理状态为 Q_2,它也不能解释事件"好的货币会被差的货币挤出该经济体"[2]。

下面是福多更为抽象的、形式化的多重可实现论证。假设 $S_1 x \rightarrow S_2 y$ 是一个特殊科学定律,福多通过经验事实指出了特殊科学定律中的性质具有多重可实现性的特点,所以和 S_1 对应的

---

[1] Jerry Fodor, "Special Science", in Richard Boyd and Philip Gasper and J. D. Trout, eds., *The Philosophy of Science*, Cambridge, Massachusetts: The MIT Press, 1993, p. 433.
[2] Barry Loewer, "Why Is There Anything Except Physics?", *Synthese*, Vol. 170, 2009, p. 226.

物理性质是多样的，可以将之表示为 $P_1 \vee P_2 \vee \cdots\cdots P_n$，和 S_2 对应的物理性质可以表示为 $P_1^* \vee P_2^* \vee \cdots\cdots P_n^*$，如果 $P_1 \vee P_2 \vee \cdots\cdots P_n \rightarrow P_1^* \vee P_2^* \vee \cdots\cdots P_n^*$ 为真，那么 $S_1 x \rightarrow S_2 y$ 是不是被还原为 $P_1 \vee P_2 \vee \cdots\cdots P_n \rightarrow P_1^* \vee P_2^* \vee \cdots\cdots P_n^*$ 了呢？答案似乎是肯定的。然而，福多却不这样认为。福多给出的理由是：$P_1 \vee P_2 \vee \cdots\cdots P_n \rightarrow P_1^* \vee P_2^* \vee \cdots\cdots P_n^*$ 不是定律，因为不是定律，所以不能赋予 $S_1 x \rightarrow S_2 y$ 律则性。至于为什么 $P_1 \vee P_2 \vee \cdots\cdots P_n \rightarrow P_1^* \vee P_2^* \vee \cdots\cdots P_n^*$ 不是定律，福多给出的理由是 $P_1 \vee P_2 \vee \cdots\cdots P_n$ 和 $P_1^* \vee P_2^* \vee \cdots\cdots P_n^*$ 不是自然类，至于为何这两者不是自然类，是因为这样的谓词不会在定律中被使用。福多的论证陷入了上文提到的循环之中，然而，福多却使用了这一纠缠的循环来论证特殊科学定律与特殊科学类的不可还原性。令人感到奇怪的是，虽然"定律"和"自然类"这两个概念的意义并不明晰，但是福多仍然给予了这两个概念在他的论证中如此重要的地位[①]。

在福多看来，由于特殊科学性质的多重可实现性，与之对应的物理性质只能是析取性质 $P_1 \vee P_2 \vee \cdots\cdots P_n$，然而，$P_1 \vee P_2 \vee \cdots\cdots P_n$ 并不是物理类，所以，不存在与特殊科学性质对应的物理类，从而，类型物理主义是错误的，还原主义也是错误

[①] Todd Jones, "Special Science: still a flawed argument after all these years", *Cognitive Science*, Vol. 28, 2004, p. 413.

的。福多断言："……存在特殊科学并不是因为我们和世界之间的认识关系，而是由于世界的组成方式：不是所有的类都对应于物理类。"[①] 因此，福多认为，他严格地拒斥了特殊科学的可还原性，他的"殊型物理主义"解释了特殊科学为何在很大程度上独立于物理学（因为特殊科学定律不能被还原为物理学），保证了物理科学的基础地位（因为殊型物理主义认为所有科学谈论的事件都是物理事件）。

二 殊型物理主义与特殊科学的"可还原性"

福多提出的殊型物理主义是和他的多重可实现论证密切联系在一起的，然而，多重可实现论证是值得怀疑的。关于福多论证的一个反驳是，虽然我们不能将特殊科学定律还原为物理定律，但是如果能够给出特殊科学定律中的性质的所有实现者，并给出关于这些实现者之间为何存在联系的物理解释，特殊科学定律不也算是被还原了吗？例如，假设 $S_1 x \rightarrow S_2 y$ 是一个特殊科学定律，而 $P_1 \vee P_2 \vee \cdots\cdots P_n$ 和 $P_1^* \vee P_2^* \vee \cdots\cdots P_n^*$ 分别穷尽了 S_1 和 S_2 的物理实现者，并且能够通过物理理论对 $P_1 x \rightarrow P_1^* y$，$P_2 x \rightarrow P_2^* y$，……，$P_n x \rightarrow P_n^*$ 一一进行解释，那么 $S_1 x \rightarrow$

[①] Jerry Fodor, "Special Science", in Richard Boyd and Philip Gasper and J. D. Trout, eds., *The Philosophy of Science*, Cambridge, Massachusetts: The MIT Press, 1993, p.439.

S_2y不是被还原为 $P_1 \vee P_2 \vee \cdots\cdots P_n \rightarrow P_1^* \vee P_2^* \vee \cdots\cdots P_n^*$ 了吗？对此，福多可能会提出如下疑问：$P_1 \vee P_2 \vee \cdots\cdots P_n$ 和 $P_1^* \vee P_2^* \vee \cdots\cdots P_n^*$ 不能被视为自然类，$P_1 \vee P_2 \vee \cdots\cdots P_n \rightarrow P_1^* \vee P_2^* \vee \cdots\cdots P_n^*$ 不能被视为自然律，所以 $S_1x \rightarrow S_2y$ 没有被还原。但是，为什么要在乎 $P_1 \vee P_2 \vee \cdots\cdots P_n$ 和 $P_1^* \vee P_2^* \vee \cdots\cdots P_n^*$ 是不是自然类，$P_1 \vee P_2 \vee \cdots\cdots P_n \rightarrow P_1^* \vee P_2^* \vee \cdots\cdots P_n^*$ 是不是自然律呢？如果我们能够通过物理理论表明 $S_1x \rightarrow S_2y$ 是一个为真的全称概括，这不就够了吗？为什么要去关心有没有物理类分别与 S_1、S_2 对应呢？也许 $S_1x \rightarrow S_2y$ 根本就不是自然律，而只是一个偶适概括而已。如果福多烦扰于无法将概念"自然类"和"自然律"分别运用于"$P_1 \vee P_2 \vee \cdots\cdots P_n$" "$P_1^* \vee P_2^* \vee \cdots\cdots P_n^*$"和"$P_1 \vee P_2 \vee \cdots\cdots P_n \rightarrow P_1^* \vee P_2^* \vee \cdots\cdots P_n^*$"，那何不干脆放弃这样的运用，而仅仅关心是否能够通过物理理论来对 $S_1x \rightarrow S_2y$ 进行还原解释呢？当然，以上所述是建立在能够给出穷尽了 S_1 和 S_2 的实现者的析取物理类的情况之下。

福多认为，关于某一特殊科学类的定律必须不仅能够运用于所有实际存在的该类的成员，还能运用于所有可能的成员[①]。这样的话，如果要还原特殊科学定律，我们将需要给出这样的桥接定律——包含由无限多个物理谓词的析取构成的谓词，然

---

① Jerry Fodor, "Special Science", in Richard Boyd and Philip Gasper and J. D. Trout, eds., *The Philosophy of Science*, Cambridge, Massachusetts: The MIT Press, 1993, p.433.

而这是不可能的。对此，福多说道："覆盖所有事件的物理谓词的析取表达一个物理类的概率又有多少呢？"① 也许这就是我们必须使用非物理语词来描述和解释一些现象的原因，例如，我们使用"痛"这一语词来描述一类现象，而没有尝试着列出所有可能的无限多种的大脑状态。如果特殊定律中的性质有着无限多的实现者，那是否意味着特殊科学定律无法被还原了呢？似乎不一定。还存在这样一种可能性，那就是我们能够给出一个关于无限多的可能的物理实现者的抽象物理描述。可以通过一个熟悉的例子来进行说明——"标准大气压下，水在100摄氏度时沸腾"，实验表明，在标准大气压下，当一定体积的水的温度是100摄氏度时，构成这些水的水分子可以有无限多种的运动状态，可以是所有的水分子以相同的速度运动，也可以是一部分水分子的运动速度高于另一部分水分子，但是，只要构成这些水的所有水分子的平均动能达到一定的值，那么这些水就会沸腾，所以，"沸腾"这一物理语词对水在被加热至100摄氏度时其所包含的水分子的所有可能的运动状态给出了一种抽象的物理描述。所以，某类由无限多的成员组成并不意味着我们不能给出一个关于其成员的有限描述，某性质有着无限的多重可实现性也不表明无法给出一个关于它的抽象的物理描述。

---

① Jerry Fodor, "Special Science", in Richard Boyd and Philip Gasper and J. D. Trout, eds., *The Philosophy of Science*, Cambridge, Massachusetts: The MIT Press, 1993, p. 433.

如果这是可行的，那么特殊科学定律被还原为物理学定律是可能的。然而，在物理学之外的其他领域，我们并不容易给出关于可多重实现性质的抽象的物理描述。比如，对于像格雷厄姆定律这样的关于人类社会的定律，我们确实很难给出关于其中性质的抽象物理描述。在能否给出关于特殊科学定律中的特殊性质的抽象物理描述这一问题上，坚定的还原主义者会断言这是可能的，而像福多这样的反还原主义者则会认为我们甚至不知从何处入手。如果还原主义者和反还原主义者就这样僵持着各不让步的话，问题似乎没有出路。

如果持物理主义的本体论，那么一般会接受两个原则，一个是"随附性原则"，另一个是"物理因果闭合性原则"。所谓"随附性原则"，是指如果两个对象的物理状态相同，那么这两个对象的其他任何状态都相同，反之却不一定，所以随附性具有不对称性。所谓"物理因果闭合性原则"，是指任何一个物理事件的发生都有着充分的物理原因。关于何为物理因果闭合性原则，金在权如此描述道："如果你挑出任何一个物理事件并追溯它的因果链条，那么你永远不必走出物理领域。没有因果链条会穿过物理的和非物理的边界。"[1] 作为殊型物理主义者，福多认为每一个事件都是物理事件，所以福多是支持随附性原则的，另外，既然每一个事件都是物理事件，那么每一

---

[1] Jaegwon Kim, *Mind in A Physical World*, Cambridge, MA: MIT Press, 1998, p.40.

个事件的发生必然会有着充足的物理原因,所以福多也是支持物理因果闭合性原则的。除了这两个原则,福多还支持另外一个观点,那就是存在着不能被还原为物理定律的特殊科学定律。然而,这合理吗?

假设存在特殊科学定律 $S_1x \rightarrow S_2y$,如果接受殊型物理主义的话,那么 S_1x 和 S_2y 都能够被物理地实现,再根据物理因果闭合性原则,对于任何一对 S_1x 和 S_2y 的物理实现者,我们原则上都能够给出一个纯粹的物理解释来表明二者是如何有着关联的。从而,特殊科学定律 $S_1x \rightarrow S_2y$ 的律则性最终还是由物理定律来保障,特殊科学定律 $S_1x \rightarrow S_2y$ 之所以能够支持反事实条件句还是因为有物理定律作为基础。为什么特殊科学定律 $S_1x \rightarrow S_2y$ 存在?因为物理定律存在。当然,原则上 $S_1x \rightarrow S_2y$ 能够还原为物理定律并不意味着它实际上已经被还原,但是,如果我们是从本体论上来探讨还原问题,那么"实际上是否已经被还原"这样的认识论问题就不那么相关了。所以,当转向本体论层面后,通过引入福多本人也接受的物理因果闭合性原则,上面的还原主义与反还原主义的僵持状态被打破了。

因而,福多的殊型物理主义是蕴含了特殊科学的可还原性的。如果和福多一样,既坚持殊型物理主义,又认为特殊科学定律存在且无法被还原为物理定律,那么特殊科学定律的存在就完全成了巧合。不得不承认的是,将特殊科学定律还原为物理定律的成功事例依然不多,之所以如此,可能有三方面原因:

一是特殊科学提供给我们的全称陈述是错误的；二是随附性原则和物理因果闭合性原则是错误的；三是将特殊科学还原为物理学是极度复杂和困难的，我们尚不知如何进行。这三个原因中的任何一个都要比"特殊科学的存在是巧合"要合理，而在这三个原因中，原因三也许是比较恰当的。首先，特殊科学的全称陈述不可能全部为错，否则难以解释为何特殊科学能够进行预测。再者，如果随附性原则和物理因果闭合性原则是错误的，那么特殊科学的不可还原性和自主性将很容易理解，然而，福多的殊型物理主义蕴含了物理随附性原则和物理因果闭合性原则。所以，原因三是最为可能的，即特殊科学的还原极度复杂和困难，其尚未实现。因此，如果选择做一个殊型物理主义者，那么就得相信特殊科学最终能够被还原为物理学，尽管特殊科学中的性质是多重可实现的。

三　特殊科学是否有自主性？

如果仔细分析福多利用格雷厄姆定律中的"……是货币"这一性质进行的多重可实现论证，可以发现该论证其实存在不合理之处。作为一种性质，"……是货币"和性质"……是水"是不同的，当我们判断某物是不是水时，看的是该物具有哪些内在的化学属性，然而，某物是否具有"……是货币"这一性质和该物的内在属性并无必然关联，如果某人试图在性质

"……是货币"的承担者的内部来寻找这些承担者在物理性质上的共同之处,那么他弄错了方向。某物之所以被当作货币,主要是因为人们接受它为货币,所以,性质"……是货币"是和它的承担者所在社会之中的人的心理状态相关的,虽然将心理状态还原为神经生理状态异常困难,然而该还原的实现并非原则上永远不可能。所以,福多通过性质"……是货币"的承担者的物理多样性得出该性质不可还原的结论,还在于他没有找准与性质"……是货币"的还原相关的对象。因此,当某一性质看起来无法被还原时,原因可能是出在我们弄错了还原的方向。

上文的分析表明,如果接受福多的殊型物理主义,那么特殊科学原则上是能够被还原为物理学的,不过,虽然特殊科学原则上能够被还原,但并不意味着还原现实上是能够实现的。由于还原特殊科学在认识论层面遇到的困难,从而,我们从物理学之外的途径去寻找和建立全称概括成为必要的和不错的选择。例如,心理学就可以通过多种方式来得出令人信服的全称概括,而且我们可以通过多种方式来检验心理学中的全称概括的真值、适用范围等,我们并不需要一定从物理学理论将其导出。特殊科学有着自己的具体研究方法,是我们重要的知识来源,而这样的知识是极其难以从物理学得到的,在这一意义上,特殊科学有着其自主性。

所以,即便特殊科学原则上是可还原的,这也不意味着我们需要抛弃福多的多重可实现论证带来的有着很强吸引力的结论——特殊科学有着自主性。实际上，福多的"殊型物理主义"和"多重可实现论证"告诉我们的不是特殊科学不能被还原，而是特殊科学的还原比想象中的要困难得多。如果接受福多的殊型物理主义，那么特殊科学之所以存在，并不是因为它有着特殊的不可还原的类与定律，而是因为我们的认识能力和认识方式决定了我们需要特殊科学。

结　　语

　　本书分析了当今心灵哲学中的一个热点问题——因果排斥问题，并以此问题为线索探讨了物理世界中心理因果作用的可能性。因果排斥问题被认为是非还原物理主义者遭遇的一大困难，并被一些还原物理主义者视为反对非还原物理主义的主要"武器"。因果排斥问题依赖的一个重要原则是物理因果闭合性，该原则断言任何一个有原因的物理事件都有着充足的物理原因，如果该原则为真，那么心理事件对于物理世界的因果效力将有可能遭到威胁，因为物理事件没有为心理事件留下任何"因果工作"。然而，本书表明，物理因果闭合性原则并非其支持者所认为的那样受到了经验证据的强烈辩护，并且我们也很难给出一个关于"物理的"的恰当定义，从而物理因果闭合性原则的真值是无法确定的。因此，我们并不能根据物理因果闭合性原则来断定心理性质是否具有因果效力。此外，本书援引了近年来科学哲学中兴起的一种因果观——干预主义因果理论，并认为如果采用该因果观，那么心理性质的因果效力将和物理领域是否因果闭合无关，并且心理性质的因果作用也成为可能，从而因果排斥问题被消解了。

本书的分析与论证建立在多个理论预设之上，比如心理性质的多重可实现性、自然主义的立场、干预主义因果理论等，关于这些理论的正确性，本书未予以专门的论证和辩护。另外，本书主要处理的是心理事件对物理事件的因果作用，至于心理事件对心理事件的因果作用，以及物理事件对心理事件的因果作用，本书没有涉及，处理这些问题实乃后续研究工作中需要深入探讨的重要课题。

此外，本书的分析表明，要恰当地定义物理主义，就不能将物理主义视为一个具有真值的本体论学说，而要将其当作一个用以确立合适的本体论的方法论原则；当对"实体"这一形而上学概念进行了阐明之后发现，性质二元论（非还原物理主义）在逻辑上难以站住脚——因为具有心理性质的物理实体无法成为真正的物理实体，而且性质二元论会"滑向"实体二元论。在当代心灵哲学的讨论中，物理主义的性质二元论往往被作为分析问题的本体论框架，然而，其可靠性是可疑的。可能也正因为如此，心灵哲学依然是不同学说竞相争鸣的理论领域，心灵哲学在当代哲学中属于最活跃、最重要的分支领域之一。

参考文献

Alyssa Ney, "Physicalism as an Attitude", *Philosophical Studies*, Vol. 138, 2008.

Angela Potochnik, "A Neurathian Conception of the Unity of Science", *Erkenn*, Vol. 74, July 2011.

Alan Garfinkel, "Reductionism", in Richard Boyd and Philip Gaspar and J. D. Trout, eds., *The Philosophy of Science*, Cambridge, MA: MIT Press, 1981.

a. Andrew Melnyk, "Some Evidence for Physicalism", in Sven Walter and Heinz Dieter Heckmann, eds., *Physicalism and Mental Causation*, Exeter, UK: Imprint Academic, 2003.

b. Andrew Melnyk, *A Physicalist Manifesto: Thoroughly Modern Materialism*, Cambridge: Cambridge University Press, 2003.

Barry Loewer, "From Physics to Physicalism", in Carl Gillett and Barry Loewer, eds., *Physicalism and Its Discontents*, Cambridge: Cambridge University Press, 2001.

BarryLoewer, "Comments on Jaegwon Kim's Mind and the Physical World", *Philosophy and Phenomenological Research*, Vol. 65, No. 3, Nov 2002.

Barry Loewer, "Mental Causation, or Something Near Enough", in Brian McLaughlin and Jonathan Cohen, eds., *Contemporary Debates in Philosophy of Mind*, USA/MA: Blackwell Publishing, 2007.

Barry Loewer, "Why Is There Anything Except Physics?", *Synthese*, Vol. 170, 2009.

BarbaraMontero, "What Dose the Conservation of Energy Have to Do With Physicalism", *Dialectica*, Vol. 60, No. 3, 2006.

Bertrand Russell, "On the Notion of Cause", *Proceedings of the Aristotelian Society*, Vol. 13, New Series, 1912–1913.

Bertrand Russell, *Human knowledge: Its scope and limits*, London: Allen and Unwin, 1948.

C. B. Martin, "Substance substantiated", *Australasian Journal of Philosophy*, Vol. 58, No. 1, 1980.

Carl Hempel, "The Logical Analysis of Psychology", in Herbert Feigl and Wilfrid Sellars, eds., *Readings in Philosophical Analysis*, New York: Appleton-Century-Crofts, 1949.

CarlHempel, *Philosophy of Natural Science*, Prentice Hall, 1966.

ChristopherHitchcock, "The Role of Contrast in Causal and Explanatory Claims", *Synthese*, Vol. 107, No. 3, Jun 1996.

ChristopherHitchcock, "Causation", in Stathis Psillos and Martin Curd, eds., *The Routledge Companion to Philosophy of Science*, Abingdon: Routledge, 2008.

Christian List and Peter Menzies, "Non-Reductive Physicalism and the Limits of the Exclusion Principle", *Journal of Philosophy*, Vol. 106, No. 9, Sep 2009.

Cei Maslen and Terry Horgan and Helen Daly, "Mental Causation", in Helen Beebee and Christopher Hitchcock and Peter Menzies, eds., *The Oxford Handbook of Causation*, United States: Oxford University Press, 2009.

DanielStoljar "Physicalism", in *Stanford Encyclopedia of Philosophy*, https://plato.stanford.edu/entries/physicalism/, 2021.

DavidChalmers, *The conscious mind*, Oxford: Oxford University Press, 1996.

DanielGarber ed., *Descartes Embodied: Reading Cartesian Philosophy through Cartesian Science*, Cambridge: Cambridge University Press, 2001.

David Fair, "Causation and the Flow of Energy", *Erkenntnis*, Vol. 14, No. 3, 1979.

Daniel Dennett, *Consciousness Explained*, Boston, MA: Little,

Brown and Company, 1991.

Donald Gillies, *Philosophy of Science in the Twentieth Century*, Oxford, UK: Blackwell Publishers, 1993.

Donald Campbell, "'Downward Causation' in Hierarchically OrganisedBiological Systems", in Francisco Ayala and Theodorius Dobzhansky, eds., *Studies in the Philosophy of Biology* (pp. 179 – 186), Berkeley and Los Angeles: University of California Press, 1974.

D. M. Armstrong, *A combinatorial theory of possibility*, Cambridge: Cambridge University Press, 1989.

D. M. Armstrong, *A world of states of affairs*, Cambridge: Cambridge University Press, 1997.

DavidPapineau, *Philosophical Naturalism*, Oxford: Blackwell, 1993.

David Papineau, "Mind the Gap", in James Tomberlin ed., *Philosophical Perspectives*, *Language Mind and Ontology*, Oxford: Blackwell, 1998.

David Papineau, "The Rise of Physicalism", inCarl Gillett and Barry Loewer, eds., *Physicalism and Its Discontents*, Cambridge: Cambridge University Press, 2001.

David Papineau, *Thinking About Consciousness*, Oxford: Clarendon Press, 2004.

David Papineau, "The Causal Closure of the Physical and Naturalism", in Brian McLaughlin and Ansgar Beckermann and Sven Walter, eds., *The Oxford Handbook of Philosophy of Mind*, Oxford: Oxford University Press, 2009.

ErnestNagel, *The Structure of Science*, New York: Harcourt, Brace and World, 1961.

E. Jonathan Lowe, "Non-Cartesian Substance Dualism and the Problem of Mental Causation", *Erkenntnis*, Vol. 65, No. 1, July 2006.

Frederick Suppe ed., *The Structure of Scientific Theories*, Urbana: University of Illinois Press, 1974.

George A. Reisch, "Planning Science: Otto Neurath and the International Encyclopedia of Unified Science", *The British Society for the History of Science*, Vol. 27, No. 2, Jun 1994.

George A. Reisch, "How Postmodern Was Neurath's Idea of Unity of Science?", *Studies in History and Philosophy of Science*, Vol. 28, No3, 1997.

G. E. M Anscombe and Peter Thomas Geach, eds., *Descartes: Philosophical Writings*, Indianapolis: Bobbs-Merrill Company, 1954.

Geoffrey Hellman, "Determination and Logical Truth", *The Journal of Philosophy*, Vol. 82, No. 11, Nov 1985.

HilaryPutnam, *The Threefold Cord: Mind, Body, and World*,

New York: Columbia University Press, 1999.

Hasker William, *The Emergent Self*, Ithaca: Cornell University Press.

Howard Robinson, "Substance", in *Stanford Encyclopedia of Philosophy*, https://plato.stanford.edu/entries/substance/, 2018.

Howard Robinson, "Dualism", in *Stanford Encyclopedia of Philosophy*, https://plato.stanford.edu/entries/dualism/, 2020.

Jonathan Schaffer, "Contrastive Causation", *The Philosophical Review*, Vol. 114, No. 3, July 2005.

Jaegwon Kim, "Causes and Counterfactuals", *The Journal of Philosophy*, Vol. 70, No. 17, Oct 1973.

Jaegwon Kim, *Supervenience and Mind: Selected Philosophical Essays*, Cambridge: Cambridge University Press, 1993.

Jaegwon Kim, *Mind in a Physical World: An Essay on the Mind-Body Problem and Mental Causation*, Cambridge, MA: MIT Press, 1998.

Jaegwon Kim, "*Responses*", *Philosophy and Phenomenological Research*, Vol. 65, No. 3, Nov 2002.

Jaegwon Kim, *Physicalism, or Something Near Enough*, Princeton: Princeton University Press, 2005.

Jaegwon Kim, *Philosophy of Mind*, Boulder: Westview Press, 2006.

Jaegwon Kim, "Causation and Mental Causation", in Brian McLaughlin and Jonathan Cohen, eds., *Contemporary Debates in Philosophy of Mind*, USA/MA: Blackwell Publishing, 2007.

Jaegwon Kim, "Reduction and Reductive Explanation: Is One Possible Without the Other?", in Jakob Hohwy and Jesper Kallestrup, eds., *Being Reduced: New Essays on Reduction, Explanation, and Causation*, New York: Oxford University Press, 2008.

Jaegwon Kim, "Mental causation", in Brian McLaughlin and Ansgar Beckermann and Sven Walter, eds., *The Oxford Handbook of Philosophy of Mind*, Oxford: Oxford University Press, 2009.

Jan Sebestik, "Otto Neurath's Epistemology and Its Paradoxes", in John Symons and Olga Pombo and Juan Manuel Torres, eds., *Otto Neurath and the Unity of Science, Logic, Epistemology, and the Unity of Science*, Dordrecht, The Netherlands: Springer Science + Business Media B. V, 2011.

John O'Neill, "Unified Science as Political Philosophy: Positivism, Pluralism and Liberalism", *Studies in History and Philosophy of Science*, No. 34, 2003.

Jordi Cat, "Unity and Disunity of Science", in Jessica Pfeifer and Sahotra Sarkar, eds., *The Philosophy of Science: An Encyclopedia*, New York: Routledge Press, 2006.

Jordi Cat, "Otto Neurath", in *Stanford Encyclopedia of Philosophy*, http：//plato. stanford. edu/entries/neurath/, 2010.

Jordi Cat, "The Unity of Science", in *Stanford Encyclopedia of Philosophy*, https：//plato. stanford. edu/entries/scientific-unity/, 2017.

Jerry Fodor, "Making Mind Matter More", *Philosophical Topics*, Vol. 17, No. 11, 1989.

Jerry Fodor, *A Theory of Content and Other Essays*, Cambridge, Massachusetts：The MIT Press, 1990.

Jerry Fodor, "Special Science", in Richard Boyd and Philip Gasper and J. D. Trout, eds., *The Philosophy of Science*, Cambridge, Massachusetts：The MIT Press, 1993.

Jerry Fodor, "Special Science：Still Autonomous After All These Years", *Noûs*, Vol. 31, No. 11, 1997.

JohnDupre, *The Disorder of Things：Metaphysical Foundations of the Disunity of Science*, Cambridge, MA：Harvard University Press, 1993.

J. J. C. Smart, "The Mind/Brain Identity Theory". in*Stanford Encyclopedia of Philosophy*, https：//plato. stanford. edu/entries/mind-identity/, 2007.

Jeffrey Poland, *Physicalism：The Philosophical Foundations*, Oxford：Oxford University Press, 1994.

John Kemeny, *A Philosopher Looks at Science*, Princeton/NJ: D. Van Nordstrom, 1959.

JamesWoodward, *Making Things Happen, A Theory of Causal Explanation*, New York: Oxford University Press, 2003.

James Woodward, "Mental Causation and Neural Mechanisms", in Jakob Hohwy and Jesper Kallestrup, eds., *Being Reduced, New Essays on Reduction, Explanation, and Causation*, Oxford: Oxford University Press, 2008.

Karen Bennett, "Mental causation", *Philosophy Compass*, Vol. 2, No. 2, 2007.

Keith Campbell, *Body and Mind*, Notre Dame: Notre Dame Press, 1984.

Lawrence A. Shapiro, "Mental Manipulations and the Problem of Causal Exclusion", *Australasian Journal of Philosophy*, Aug 2011.

Montero Barbara, "Varieties of Causal Closure", in Sven Walter and HeinzDieter Heckmann, eds., *Physicalism and Mental Causation*, Exeter: Imprint Academic, 2003.

Michael Silberstein, "Reduction, Emergence and Explanation", in Peter Machamer and Michael Silberstein eds., *The Blackwell Guide to the Philosophy of Science*, Malden, MA: Blackwell, 2002.

Norman Malcolm, "The Conceivability of Mechanism", *Philosophi-

cal Review, Vol. 77, No. 1, Jan 1968.

Norman Campbell, *What is Science?*, New York: Dover, 1953.

Noam Chomsky, *Language and Mind*, New York: Cambridge University Press, 2006.

Nancy Cartwright and Jordi Cat and Lola Fleck and Thomas E. Uebel, *Otto Neurath: Philosophy between Science and Politics*, New York: Cambridge University Press, 1996.

NancyCartwrighr, *The Dappled World: A Study of the Boundaries of Science*, Cambridge, UK: Cambridge University Press, 1999.

Nancy Cartwright, "Natural laws and the closure of physics", in R. Y. Chiao and W. D. Phillips, and A. J. Leggett and M. L. Cohen and C. L. Harper, eds., *Visions of Discovery: New Light on Physics, Cosmology and Consciousness*, Cambridge: Cambridge University Press, 2010.

OttoNeurath, "Individual Sciences, Unified Science, Pseudo-rationalism", in Robert S. Cohen and Marie Neurath, eds., *Philosophical Papers* 1913–1946, *Volume 16 Of Vienna Circle Collection*, Dordrecht: D. Reidel Publishing Company, 1936.

a. OttoNeurath, "The Departmentalization of Unified Science", *Erkenntnis*, No. 7, Jan 1937.

b. OttoNeurath, "Unified Science and Its Encyclopaedia", *Philosophy of Science*, Vol. 4, No. 2, Apr 1937.

Otto Neurath, "Universal Jargon and Terminology", *Proceedings of the Aristotelian Society*, New Series, Vol. 41, 1940 – 1941.

a. Olga Pombo, "Neurath and the Encyclopaedic Project of Unity of Science", in John Symons and Olga Pombo and Juan Manuel Torres, eds., *Otto Neurath and the Unity of Science, Logic, Epistemology, and the Unity of Science*, Dordrecht, The Netherlands: Springer Science + Business Media B. V, 2011.

b. OlgaPombo and John Symons and Juan Manuel Torres, "Neurath and the Unity of Science: an Introduction", in John Symons and Olga Pombo and Juan Manuel Torres, eds., *Otto Neurath and the Unity of Science, Logic, Epistemology, and the Unity of Science*, Dordrecht, The Netherlands: Springer Science + Business Media B. V, 2011.

PeterKing, "Why Isn't the Mind-Body Problem Medieval?", in Henrik Lagerlund ed., *Forming the Mind: Essays on the Internal Senses and the Mind/Body Problem from Avicenna to the Medical Enlightenment*, Dordrecht: Springer, 2007.

Phil Dowe, *Physical Causation*, New York: Cambridge University Press, 2000.

Pierre Jacob, "Some Problems for Reductive Physicalism", *Philosophy and Phenomenological Research*, Vol. 65, No. 3, Nov 2002.

P. J. Peebles and Bharat Ratra, "The Cosmological Constant and

Dark Energy", *Reviews of Modern Physics*, Vol. 75, No. 2, April 2003.

Paul Oppenheim and Hilary Putnam, "Unity Of Science As A Working Hypothesis", in Richard Boyd and Philip Gasper and J. D. Trout, eds., *The Philosophy of Science*, Cambridge, Massachusetts: The MIT Press, 1993.

Paul Noordhof, "The Overdetermination Argument versus the Cause-and-Essence Principle—No Contest", *Mind*, Vol. 108, No. 430, April 1999.

Panu Raatikainen, "Causation, Exclusion, and the Special Sciences", *Erkenn*, Vol. 73, 2010.

Paul Churchland, *Matter and consciousness*, Cambridge: Bradford Books/MIT Press, 1984.

Peter Menzies, "The Exclusion Problem, the Determination Relation, and Contrastive Causation", in Jakob Hohwy and Jesper Kallestrup, eds., *Being Reduced, New Essays on Reduction, Explanation, and Causation*, Oxford: Oxford University Press, 2008.

Richard Swinburne, "Body and Soul", *Think*, Vol. 2, No. 5, 2003.

Rudolf Carnap, "Logical Foundations of the Unity of Science", in Richard Boyd and Philip Gasper and J. D. Trout, eds., *The Philoso-*

phy of Science, Cambridge, Massachusetts: The MIT Press, 1993.

Robert Van Gulick, "Who's in Charge Here? And Who's Doing All the Work?", in John Heil and Alfred Mele, eds., *Mental Causation*, New York, US: Oxford University Press, 1993.

Richard Warner and Tadeusz Szubka, eds., *The Mind-Body Problem*, Cambridge, MA: Blackwell, 1994.

Susan Schneider, "Non-Reductive Physicalism and the Mind Problem", *NOUS*, Vol. 00, No. 0, 2011.

Sophie Gibb, "Closure Principles and the Laws of the Conservation of Energy and Momentum", *Dialectica*, Vol. 64, No. 3, 2010.

Stephen Schiffer, *Remnants of Meaning*, Cambridge, MA: MIT Press, 1987.

Steven Horst, *Beyond Reduction, Philosophy of Mind and Post-Reductionist Philosophy of Science*, New York: Oxford University Press, 2007.

Sara Worley, "Physicalism and the Via Negativa", *Philosophical Studies*, Vol. 131, 2006.

Todd Jones, "Special Science: still a flawed argument after all these years", *Cognitive Science*, Vol. 28, 2004.

Theodore Sider, "What's So Bad About Overdetermination", *Philosophy and Phenomenological Research*, Vol. 67, No. 3, Nov 2003.

Tyler Burge, "Mind-Body Causation and Explanatory Practice", in

John Heil and Alfred Mele, eds., *Mental Causation*, Oxford: Clarendon Press, 1993.

Van Fraassen, *The Scientific Image*, Oxford: Oxford University Press, 1980.

Van Fraassen, *The Empirical Stance*, New Haven: Yale University Press, 2002.

WallaceMatson, "Why Isn't the Mind-Body Problem Ancient?", in Paul Feyerabend and Grover Maxwell, eds., *Mind, Matter, and Method: Essays in Philosophy and Science in Honor of Herbert Feigl*, Minneapolis: University of Minnesota Press, 1966.

William Bechtel and Andrew Hamilton, "Reduction, Integration, and the Unity of Science: Natural, Behavioral, and Social Sciences and the Humanities", in Theo A. F. Kuipers ed., *General Philosophy of Science: Focal Issues*, Elsevier B. V. Press, 2007.

William G. Lycan, "Chomsky on the Mind-Body Problem", in Louise M. Antony and Norbert Hornstein, eds., *Chomsky and His Critics*, Oxford: Blackwell, 2003.

［奥］恩斯特·马赫：《感觉的分析》，洪谦、唐钺、梁态学译，商务印书馆1986年版。

［法］亨利·彭加勒：《科学与假设》，叶蕴理译，商务印书馆1989年版。

王海婴:《大学基础物理学》,高等教育出版社 2004 年版。

[奥] 奥托·纽拉特:《科学的世界观:维也纳小组》,王玉北译,《哲学译丛》1994 年第 1 期。